U0034108

國家地理

腦科學
完全指南

從認識自我到成就更好的自己

派翠西亞·丹尼爾斯 Patricia Daniels / 著　　江峰逵、楊芳齊 / 譯

Boulder Media 大石文化

NATIONAL
GEOGRAPHIC

國家地理

腦科學
完全指南

從認識自我到成就更好的自己

派翠西亞・丹尼爾斯 Patricia Daniels / 著　　江峰逹、楊芳齊 / 譯

Boulder
Media　大石文化

目 錄

前頁：每一個人都是與眾不同的。　左頁：我們能駕馭自己的驅動力和能力來達成目標。

探索心智

陶德‧卡什丹博士

喬治梅森大學（George Mason University）幸福促進中心
心理學教授與資深科學家

每個人都很想知道人類心智如何運作。若想活得精采、提升生活品質，那麼了解什麼是心智、心智如何運作、如何塑造我們的人格和我們與外界互動的方式，便是至關重要的一環。本書是一份權威性的指南，告訴你

心理學家和其他科學家對心智的最新看法。我們希望透過這本書，增進人們對心智的認識，畢竟這是個神祕難解的領域。我們也希望你能學到一些方法來認識自己——從某些角度而言，你和所有人都一樣；從其他方面來看，你只和部分人相似；最後，從一些重要的層面來看，你又是世上獨一無二的。

想了解人類的心智如何定義我們的人格、影響我們日常生活中的決定，絕對不能只靠單一方法。因此，從多種不同的知識領域來探索全貌是非常重要的事，這也是本書想要傳達的訊息。有些章節經由演化的觀點，探討個體感覺、思考與行動背後的生物基礎。你會了解為何有創意的人通常在性方面比較成功，也會了解臉部表情如何影響種族偏見—這些都說明了深層的動物本能至今依然發揮著作用。如今大家已經普遍承認，生物和演化的原則可以解釋某些複雜心理現象的根源，從美德到邪惡皆然。

但是這並非故事的全貌。我們的人格究竟取決於基因還是環境，是人們爭論已久的議題。如今科學家已有充分的證據顯示，通常兩者都有關係。我們的心智會仰賴古老的生物衝動，但同時既會影響文化和社會背景，也會被文化和社會背景影響。在美國，當人們被要求完成這樣的句子：「我是＿＿＿＿」，通常會講出帶有個人屬性的形容詞，例如：「我是有活力的」或「我是充滿好奇心的」。在東亞文化中，例如中國、日本和韓國，人們傾向將自己視為人與人的基本網絡之一。當被要求完成同樣的句子時，人們則會傾向使用社會角色來界定自

己,例如:「我是兒子」、「我是學生」。我們如何應對痛苦、什麼樣的情緒是適合或不適合的,以及我們生存的道德基礎,都是經由心理需求來塑造,形成與他人之間持續且有意義的連結。

想要理解心智,我們就必須適時地挑戰固有見解。傳統的智力指標幾乎無法預測一個人在童年和成年時期是否成功。整個心理學領域都想了解如何培養幸福感、愛和被愛的能力、生活的意義與目標,以及健康的群體與社會。酬賞和懲罰是不足以說服或影響他人的。所幸新一代的研究者已經讓我們了解到,什麼樣的動機才能真正激發行為表現、社會發展和幸福感。

這些新想法是本書某些部分的基礎。你會學到有關性、謀殺、睡眠、耐受力、心理病理學、人際關係和生存意義的最新科學知識。基於人類心智內容的廣泛度和複雜性,這也是很合理的。希望本書能為你開啟大門,讓你透過科學研究探索人生最重要的事,並且樂在其中。

我們的自我認同感受到生物學與環境的引導。

導讀

在身體與社會脈絡中的心腦互動

梁庚辰教授

臺灣大學心理學系特聘教授，現任臺大理學院副院長

神經科學從1960年代開始成形，經過半個世紀的蓬勃發展，已成為21世紀的顯學。新技術的突破，使得人對這僅有幾磅重的器官愈來愈了解。新知識的進步，一方面使人驚訝於它的能力，足以創造出人類璀璨的文明；

另一方面，也使人無奈於它的限制，面對許多神經疾患與腦傷我們依然束手無策。

這些驚訝與無奈，推動人們進一步深入探討神經系統，如今世界各國莫不投入巨大資源，卯足全力地發展腦科學研究。這個學術領域最核心的議題，就是心智與大腦間的關係，這項關係涉及兩個層面：一，腦如何支援人類的心智活動？二，人類的心智活動如何改變腦的結構與功能？《腦科學完全指南》這本書即企圖回答這兩個關鍵的問題。然而本書探討的方式有別於許多其他心腦關係的科普書籍，它們多半從介紹腦的基本單位

——神經元——的構造與運作開始，然後一步步地擴大，從神經元到神經迴路，再從神經迴路到腦部整體結構組織，最後討論各結構如何支援心智運作，這是一個偏重化約的微觀取向，認為了解神經細胞運作是解決心智活動的基礎。

然而本書另闢蹊徑，它從演化的觀點出發，說明腦部是身體的一部分，和身體其他部分一樣受到演化壓力，腦的角色是藉助身體活動應付環境挑戰，以得致身體與精神兩方面的健康。因此這本書的第一部分強調心腦與身體關係，第二部分強調心腦與世界關係，第三部分歸結到心腦與自我健康，換言

之就是如何得到良好的適應。

根據本書的思維，心智固然依賴腦，但也會改變它（即所謂的神經可塑性，neural plasticity），同時兩者的互動，絕非發生在一個真空的環境中，腦的指令需要身體去執行，腦接收的訊息要靠身體的感官輸入，所以身體是心腦互動的媒介，其角色至為關鍵。然而身體任何活動需要在環境中才能發揮作用，腦部指揮身體執行一個動作，動作需要對環境產生作用，環境的回饋訊息才能讓腦部了解指令到底是正確無誤還是需要修正。有哲學家提出一個假設狀況，如果可以用盡一切方

法維持一個腦活性，讓它與身體和世界隔絕而放入一只木桶中，這「桶中之腦」若有輸入，是否能產生人類心智？在人工智慧可能全面降臨的時代，這個思想性實驗（thought experiment）確實發人深省。

雖然神經科學的證據告訴我們，培養皿中的海馬切片（hippocampal slices）只要適當地維持活性，就可以產生類比於學習記憶的長效增益作用（long-term potentiation）現象。但是長效增益作用並不全然等於學習記憶。「桶中之腦」究竟能有多大的能耐，也許可以從下面的心理學實驗猜出端倪。臺大心理系的曹峰銘教授與師大特教系的劉惠美教授，與他們的老師華盛頓大學的派翠西亞·庫爾（Patricia Kuhl）教授合作過一項實驗，探討何以嬰兒出生時能分辨各國語音，但一歲後就只能分辨母語的語音。他們懷疑天天都只接觸母語的成長經驗，會使得幼兒區辨非母語語音的能力日趨生疏而消失。於是他們找了一群美國幼兒，從七、八

個月大開始讓他們經常聽到華語的言談。結果發現，這些美國幼兒到一歲時還能分辨華語的語音，但沒接觸華語的美國幼兒就不行。但更讓人驚訝的是，這些美國幼兒需要聽到一個真人在他們面前講話才會有效；如果改用一台錄音機播放同樣話語，就完全無助於保持他們分辨華語語音的能力。

其實動物生態學者早年在研究鳥類學唱歌時，也有類似的發現。小時候在巢中聽到父親唱歌的幼雛，長大後自己唱出的歌聲要比小時候聽錄音帶的幼雛正確（一些鳥類唱歌是先聽一段時日之後，才開口練唱的，正式練唱時成鳥常常已不在了，小鳥必須憑著記憶中儲存的模板學習）。

這些研究，一方面說明環境輸入的種種刺激對腦部心智能力的發展無比重要，更值得注意的是，它顯示世界中的社會互動在腦部發育扮演的關鍵角色，如果沒有真人講話（或真鳥唱歌），光是錄音機播放物理刺激而缺乏人與人之間或鳥與鳥之間的微妙交通，一切的效果都

不會發生。這本書提到的不少發現，在在都說明了社會環境在人腦發展心智能力中所具有的關鍵地位。

事實上，社會環境不僅在腦與心智的發展上發揮作用，甚至有學者認為它是推動人類腦部與心智演化的原動力，學者登巴的社會腦假說（Dunbar's Social Brain Hypothesis）就是認為，人類先民形成一個三十餘人的小團體去應付環境挑戰而求得生存，這小團體內不同分子合眾連橫的壓力會促成人腦的進一步演化。我想在這本書中，處處都可以看到社會力量在模塑人類心智上所可能發揮的作用，社會互動自然也會啟動神經可塑性影響腦部運作。這使得社會神經科學（social neuroscience）成為今日研究腦與心智互動的一個蓬勃領域。

如果我們順著書中呈現的篇章脈絡思考，人活在不同的社會中發展出不同的行為模式，逐漸形成人的個性與自我。環境會塑造人的行事風格，但行為又回頭改變環境，這交互影響的循環慢慢演變成不同環境孕育出不同文化，因此世界上各種文化

的形成，必然與心智活動有關，也會影響心智活動，甚至深入人心中的自我。事實上，西方跨文化心理學以及國內本土心理學的研究，都發現東方人與西方人的自我有相異的面向，前者強調相依（interdependent），後者強調獨立（independent）。某些差異甚至反映在腦部的運作之中，成為文化神經科學（cultural neuroscience）萌芽的根苗。文化模塑有無可能或如何可能改變我們腦部的運作與演化，兩者間產生如何的互動關係，是值得每一位讀者進一步深入思考的。

《腦科學完全指南》用簡短的篇幅介紹了人類心智的運作，全書的特色除了以淺顯的例證說明並附上生動有趣的插圖外，就是相當注重心腦研究的歷史脈絡，介紹了科學發現的來龍去脈，一如它注重人類腦部承受社會壓力而演變至今一般。這是一本有趣而易讀的心智介紹科普書籍，而且呈現的視角因為注重身體、心智與社會幾個變項的交互作用而顯得與眾不同，相當值得推薦。

當然兩百餘頁的內容只能讓看官們一窺心智堂奧，如果讀者在閱讀之後引發了興趣，想要對心智更深入地一探究竟，那麼一本普通心理學的書籍，例如《心理學：身體、心靈與文化的整合》，或是一門相關的課程，例如「心與腦」，將會有助於更進一步闡釋與擴展的本書所提及的一些研究內容。

研究自我時，我們發現它是一個特徵、本能與動機的混合體。

塑造自我

曼福德·昆恩（Manford Kuhn）和湯瑪士·麥可帕蘭（Thomas McPartland）在1954年發表了一份經典的心理測驗，名為《二十項自述測驗》（Twenty Statements Test）。受試者必須針對「我是＿＿＿＿」

這個問題寫下20種不同的描述。

研究者發現，人們傾向用四種方式來描述自己：生物特徵（「我150公分高」）、社會特徵（「我是一個女兒」）、自我反思（「個性害羞」），以及某種較宏觀的經驗（「喜愛自然」）。換言之，若問「我是誰？」，那麼各種答案加總後，將會得到一個獨一無二的身分。也就是一個心智、一個自我。

研究自我時，過去的心理學家通常會分成不同陣營：心智對身體、先天對後天。但是近年來，他們已經逐漸了解到自我是各種特徵、本能、驅力以及隱藏動機的複雜混合體。新技術讓生理和心理的分界變得較模糊：內在力量和外在力量會一起塑造自我，有一些是天先內建

在基因中的，有一些則是後天學來的。

就某種方式而言，心智有自己的結構。它的基礎是生物學。生物演化培育了有助於我們生存和繁殖的驅力和行為。恐懼、情感與社交欲望都被寫入基因裡。令人驚訝的是，這些本能也存在我們神經系統中。反應和情緒、嫌惡和吸引力，都能被追蹤到腦部的特定區域。從嬰兒到老年階段，每個人的智力、語言和情緒發展都有相似的成長歷程。

在這個基礎之上的，就是較低層的心智結構，專門處理我們與外界的互動。人類是十分社會化的動物。我們對歸屬感的基本需求驅策著我們在人際關係和社會群體中的行為，並且受到下意識的決策過程以及驅使我們達成或遠離某個目標的驅力和

動機所引導。我們在人生中究竟是往前邁進還是躊躇不前，取決於我們的字自制力和毅力。無論是先天遺傳還是後天習得的人格特徵，也都塑造著我們的行動反應。

心智結構的較高層，則是那些有意識或無意識的反應，它們也控制著其他的反應。這包括了令我們感到困擾的焦慮和扭曲思想，也包含了能讓我們建立更強自我的價值觀、力量、療方和介入法。我們的某些困擾不論多麼根深蒂固，只要心智具有韌性，就有許多方法可以克服。

本書為你帶來令人驚訝的新發現，讓你了解自己為什麼會是今天的樣子。你可以找到測驗、習題和問卷，協助你更了解自己。有了這些知識啟發，你就可以開啟更完滿、更充實的人生。

心智與

>> 第一部

身體

想開始了解心智，我們就得先了解身體。尤其需要認識的是腦部，因為心智是腦部運作的結果。我們的需求、動機、恐懼和慾望都源自這個最複雜的器官。歷經了幾百萬年的演化後，這些東西被置於腦部結構中，有時甚至非常不適合現代世界。在本書的前三章，我們會介紹心智的生物基礎，以及人類心智和情緒的成長又有什麼相同或不同之處。

» 第一章 «
心智的科學

2005年，有一名23歲的女性在交通事故中存活了下來，但腦部受到重創，過了好幾個月仍然毫無反應。她呼吸正常，能入睡也會醒來，但醒著的時候對自身和周遭環境都顯示不出任何覺察。這種缺乏反應的情形，

讓她得到了醫學辭典裡最令人遺憾的診斷：她會永遠呈現植物人的狀態。

這個診斷結果，暗示了病患將不再擁有我們大多數人所認識的心智，不再是一個能夠思考、反應、記憶與覺察的自我。為了測試這個患者是否真是如此，英國神經學家阿德里安·歐文（Adrian Owen）和同事替這名女性接上功能性核磁共振造影機（fMRI），來追蹤她腦內的血流。（血流量大，代表這個區域的腦部活動較活躍）。他們對著她沒有反應的身體說話，要求她想像

兩種場景：一是想像自己正在打網球，二是想像她從自己家的前門開始，走過家裡的每一個房間。科學家請12個健康的自願受試者也想像相同的活動，然後把她的fMRI掃描結果跟自願者的結果比對。

比對顯示，患者與自願者腦部的活化區域都一樣。患者想像自己正在打網球的時候，她腦內的運動輔助區（supplementary motor area），也就是負責控制運動的區域，就亮了起來；而她的海馬旁迴（parahippocampal gyrus），也就是腦部負責空

間巡行的部分，則在她被要求在腦海裡巡視自家屋內時變得活躍。顯然她是清醒的，不但能覺察周遭環境，還能思考反應。在她靜止的軀殼裡，心智依然在運作。

後來，歐文採用類似的方法，研究54名植物人與微意識病患。以想像打網球代表「是」，想像巡視代表「否」。受試病患中，有五位能夠靈活回應歐文的問題。歐文與其他人的研究顯示，有將近20%的植物人確實是清醒、有意識的，至少在某些時候是這樣。

歐文在21世紀所做的這項

心智、腦、身體有什麼不同？它們又是怎麼連接的？

研究令人想起一些古老的問題：到底什麼是心智？心智在哪裡？它又是怎麼與身體連結的？沒有肉體它也能存在嗎？心智跟自我是一樣的嗎？最早古希臘人就思考過身心二元的議題。例如柏拉圖認為，心靈以身體作為知覺的器具，但「它會回過頭來去反思，然後就進入純粹、永恆、不朽、不變的領域。」人一旦說出「我的身體」或是「我的腦袋」這樣的話，那麼不管自己知不知道，他都已經涉入了身心區分的二元性，因為這樣的架構就預設了人的肉體和自我是分開的兩樣東西。

今日很少有心理學家會這樣區分。除了歐文，還有很多研究也顯示心智就是腦的運作。沒有腦，就沒有自我。就連我們最短暫的渴望、最充滿靈性的體驗，都能回溯到我們的神經迴路。而這套複雜無比的神經迴路，已經歷經了數百萬年的演化發展。我們的行為受到各式各樣的外在影響，而且無疑能夠有意識地加以調整，但我們最主要還是一種被古老的大腦控制的生物。所以要了解自己，我們就必須先了解人類的生物史。

心智就是大腦的運作。

「我們並不是根據事物本身的樣子，而是根據我們自己的樣子來看它。」

阿內絲‧尼恩（Anaïs Nin），美國作家

第一代心理學家

研究心智的科學其實源自生物學。更確切地說，現代心智研究奠基於19世紀生物學的突破性發現。當時的大人物是達爾文（Charles Darwin）。達爾文在《物種源始》（1859年）和《人類的由來》（1871年）中，不但建構了天擇演化的法則，也使科學家有了依循，得以把人類視為動物界的一員，純粹從生物學的觀點來解釋人類這種生物的身體和腦。當時的醫生已經開始研究神經脈衝的傳導，並尋找腦中負責某些功能的區域。例如在1861年，法國外科醫生保羅‧布洛卡（Paul Broca）遇到了一位失去語言能力的病人。他只能說出「坦」這個字——事實上，後來醫院的人直接就把這不幸的人稱為「坦」。坦

去世後，布洛卡進行了解剖，發現他大腦的左半球有一處病變。布洛卡據此判定，那個區域負責的是言語產生（speech production）。後來證實他是對的，因此我們現在將那個腦區稱為布洛卡區（Broca's area）。

當時許多生理學家都認為，了解心智歷程的最好方法，就是把腦視為一個能對感覺做出反應並學習的器官來加以研究。有「現代心理學之父」之稱的德國科學家

威廉‧馮特（Wilhelm Wundt），在1880年代於萊比錫大學成立了實驗室，與來自世界各地的學生共同進行感官知覺和學習的實驗。馮特看不起以內省法來了解心智歷程的研究方法，認為在實驗時詢問受試者心中的想法或感受，既沒用處，也不科學。

美國哲學家與心理學家威廉‧詹姆斯（William James）是造訪過馮特實驗室的眾多科學家之一。詹姆斯

雖然讚賞嚴謹的研究方法，但始終認為當時的心理學還稱不上是科學。他在哈佛大學開設美國的第一門心理學課程，並於1890年寫了一部大作叫《心理學原理》（Principles of Psychology）。即使如此，詹姆斯仍然認為這門學問只是「一連串原始資料、一些出自個人意見的閒談和爭執……卻沒有一個像物理學那樣的定律，沒有一個能據以推演出結果的命題。這不算是科學，只是有機會成為科學。」詹姆斯是

最早提議用演化論來研究日常行為的心理學家之一。「我們高興的時候為什麼是微笑而不是皺眉？」他寫道。「我們為什麼沒辦法像和一個朋友說話那樣對群眾說話？為什麼窈窕淑女會讓我們神魂顛倒？」一般人只能這麼回答：我們當然會微笑啊，面對人群時當然會緊張啊，美女當然大家都愛啊，美麗的靈魂加上完美的軀體，這麼看得見又摸得著的東西，生來就是要永遠被愛的！同樣地，每一種動物

在面對某些事物時，很可能也會產生想要做出某些行為的感覺。」另一方面，他也相信內省法的價值，也就是「觀察自己的內心、然後說出我們的發現」。他對這個領域的貢獻之一，就是創造了「意識流」（stream of consciousness）這個詞。

思想開明的詹姆斯是最早重視佛洛伊德（Sigmund Freud）學說的美國人之一。1909年，他在美國麻州結識了正在訪問克拉克大學（Clark University）的佛洛伊德。佛洛伊德將為心智研究帶來極具爭議性和影響力的全新看法。

》佛洛伊德革命

西格蒙德・佛洛伊德（Sigmund Freud）於1939年過世。在他死後的幾十年間，心理學家對他的諸多理論和治療方式都提出了異議或反證。但佛洛伊德依然是科學史上最有影響力的思想

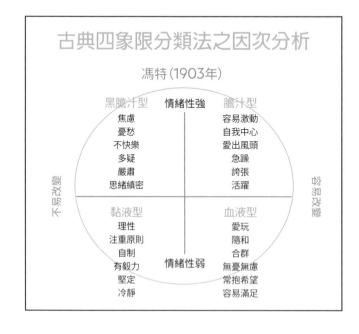

古典四象限分類法之因次分析

馮特 (1903年)

	情緒性強	
黑膽汁型		膽汁型
焦慮		容易激動
憂愁		自我中心
不快樂		愛出風頭
多疑		急躁
嚴肅		誇張
思緒縝密		活躍
黏液型		血液型
理性		愛玩
注重原則		隨和
自制		合群
有毅力		無憂無慮
堅定		常抱希望
冷靜		容易滿足
	情緒性弱	

不易改變　　　　　　　容易改變

佛洛伊德
真正使用
過的沙發

家之一。他的無意識心智、本能、潛抑作用、防禦機制等觀念都成了大眾語彙，也仍然持續塑造我們對自己和他人的判斷。我們對心理治療的想像基本上仍是佛洛伊德式的：病人仰躺在沙發上，治療者（留著落腮鬍、一口維也納腔）在一旁做筆記。

佛洛伊德年輕時是神經學家出身，在治療歇斯底里病人時開始構思無意識心智的概念。歇斯底里是一種籠統的診斷，通常認為女性才會發生，用來描述各種極端情緒和身心症狀，如虛弱或麻痺等。他的治療方式是根據他的老師約瑟夫·布羅伊爾（Josef Breuer）醫師向他描述的療法。布羅伊爾的病人安娜·歐（Anna O.）來求診時有幻覺、局部麻痺、無法飲用液體等失能性問題。布羅伊爾利用引導記憶的方式來治療她。例如，在治療的過程裡，她想起曾經看到一隻狗從杯子裡喝水，當時這件事很令她反感，但她早已經忘了。在描述完這段回憶之後，安娜·歐就重拾了飲用液體的能力。她也告訴布羅伊爾一個擾人的夢境，在夢裡她沒辦法阻擋一條蛇，因為她的手臂突然不聽使喚。就在她敘述過這個夢境之後，她原本麻痺的手臂又能用了。

把這個療程取名為「談話治療」的正是安娜·歐。但她的症狀雖然因為這個方法而暫時減輕，實際上卻沒有治好，要到後來住進療養院之後才真正獲得永久的舒緩。儘管如此，布羅伊爾和佛洛伊德兩人都確信隱藏記憶和疾病之間必有關連，佛洛伊德也開始用這種技巧來

「夢的解析是通往
心中無意識活動的康莊大道。」

精神分析學家西格蒙德·佛洛伊德

治療病人。他在問診的過程中發展出基本的分析法，後來更是透過自由聯想和夢境解析來提取潛抑的記憶、揭露情緒衝突。

佛洛伊德並不怕分析自己。他的第一本書《夢的解析》（The Interpretation of Dreams）出版於1900年，內容中很重要的一部分就是他自己的夢境。佛洛伊德把夢稱為「通往無意識的康莊大道」，並將之區分成顯性內容（夢中實際發生的事件）與隱性內容（夢背後的意涵）。佛洛伊德的想法藉由後來的著作，例如《日常生活的精神病理學》（The

佛洛伊德建立了心理治療、術語和夢境解析的傳統。

西格蒙德・佛洛伊德

精神分析學家佛洛伊德生於摩拉維亞（今捷克共和國）的夫來堡，一出生就注定是個局外人。他是猶太人，卻置身反猶太文化中，在猶太人的圈子裡又是個無神論者……而身為知識領袖，卻又和他的追隨者幾乎全部決裂。

西格蒙德是夫來堡一個小商人的兒子，天資聰穎且勤奮好學，會說八種語言，17歲就進入維也納大學攻讀醫學學位。在職業生涯早期，他專精於神經學和腦部解剖，到了1886年才轉入他真正熱愛的神經症領域。

佛洛伊德在20世紀開始成名。他和一群傑出的追隨者共組「週三心理學會」（Wednesday Psychological Society），成員包括阿爾弗雷德・阿德勒（Alfred Adler）、奧圖・蘭克（Otto Rank）和卡爾・榮格（Carl Jung）等人，但最後每個人都發展出不同的理論，並在20世紀初與佛洛伊德分道揚鑣。

納粹入侵後，佛洛伊德於1938年離開奧地利。此時他早已因嚴重雪茄癮而罹患下顎癌，1939年因嗎啡過量死於倫敦。

Psychopathology of Everyday Life），傳遍了全世界。

佛洛伊德認為心智是一個由自保的本能和性慾所推動的複雜能量系統，這在當時是非常激進的想法。在他的概念裡，心智的運作大多是無意識的，涵蓋了記憶、情緒和思緒，由於太過紊亂紛擾，無法有意識地處理。許多記憶源於童年初期的攻擊和性慾化階段，孩子在這段期間歷經口腔期、肛門期和其他階段，直到成熟的生殖期。佛洛伊德認為，童年是由本我（id）所主導，本我代表原始及尋求愉悅的心智。之後會發展出自我（ego）來限制本我，最後形成超我（superego），把社

焦 點

卡爾 · 榮格

瑞士心理治療學家卡爾·榮格曾是佛洛伊德最有名的追隨者之一，可能也是那些與佛洛伊德決裂的追隨者當中，最具影響力的人。榮格是一位農村牧師的兒子，在美麗的瑞士勞勞鄉間長大。他是個寂寞的男孩，因為他的手足都沒有存活下來，而他也被憂鬱母親的怪異行為困擾，母親一直告訴他說夜裡有幽靈糾纏著她。榮格隨後寫道：「有很長一段時間，『女人』讓我聯想到的感覺就是與生俱來的不可靠感。」另一方面，「『父親』則意味著可靠和無力感。」榮格自己也不是個可靠的配偶。他在1903年娶了一位富有的瑞士女性——艾瑪·勞珍巴克（Emma Rauschenbach），生了五個小孩，但榮格在他們長久的婚姻生活期間有過多次外遇。

對靈學和精神病學都有興趣的榮格開始在巴塞爾大學（University of Basel）學醫。與日漸有名的佛洛伊德書信往來後，榮格成為這位年長的精神病學家的密友。然而，在1913左右，榮格開始發展自己的想法，並與佛洛伊德分道揚鑣。基於對夢境與象徵的興趣，榮格假設了兩種潛意識狀態的存在：個人潛意識和集體潛意識，集體潛意識是一種眾人皆有的象徵與原型集合。他是率先提出內向人格和外向人格的先驅，也提出這個治療概念：必須整合意識與無意識，才能成為一個完整的人。

榮格在其後一生都展顯了對神祕學和象徵的興趣，甚至在1959年發表了一本有關幽浮意義的書。他在1961逝世於瑞士屈斯納赫特的自宅中。

會規範納入心智之中。

當時批評佛洛伊德的人很排斥他對性的強調。即使如此，病人還是從他對內在衝突和隱性攻擊行為的描述中認識了自己。無可否認，藉由談話療法能得到深入的訊息。大眾文化也徹底接納了佛洛伊德的觀念。每次我們判斷一個心理問題必須追溯到童年經驗，或是認為某人處在「潛抑狀態」或「肛門期」，我們都是參照了佛洛伊德的說法。

佛洛伊德的精神分析理論傳遍了世界各地，但隨著時間過去，很多精神科醫師都修正了他的治療方式。有愈來愈多科學家抨擊他的方法，表示這些方法無法驗證，甚至是完全錯誤或無用的。例如兒童期性慾的潛抑、女性與生俱來的自卑感等概念，都已經被完全推翻（見第九章，第260頁）。如今很少有醫師採用古典的佛洛伊德式精神分析。另一方面，現代認知

典型佛洛伊德學派的精神分析將嬰兒視為全本我，只尋求愉悅。

科學則以自己的方式復興了佛洛伊德的某些主要理論。無意識心智的存在已經被實驗證實，內在衝突、焦慮和自我耗損也成了許多學術研究的源頭。

在演化心理學領域中，連「原始」本能的想法都被賦予了新的意義。對早期心理學影響很大的19世紀達爾文學說再次出現，用來解釋基本的心智運作。達爾文早在

「朝外看的人懷有夢想；向內觀的人能夠覺醒。」

精神分析學家卡爾‧榮格

《物種源始》（On the Origin of Species）一書中就已經預見這一點：「我相信在遙遠的未來，會有更重要的研究出現在某些開放領域。心理學會建立在一種新的基礎上：每一種心智力量和能力，必定都是漸漸取得的。」

演化後的心智

達爾文所預見的遙遠未來在20世紀末來臨。那時，認知科學家和神經科學家逐漸揭開腦部運作機制和思考的歷程。演化心理學的支持者開始思考天擇如何引導那些發展歷程和我們的本能行為。如認知科學家史迪芬‧平克（Steven Pinker）所言：「認知科學幫助我們了解什麼是心智、我們擁有哪種心智。演化生物學則讓我們了解為何我們擁有這樣的心智。」

演化是許多世代遺傳特徵共同改變的結果。天擇是驅動這些改變的歷程。天擇有兩個目的：生存和繁衍。遺傳性狀能幫助個體在特定的環境中生存下來，並且能繁衍健康的後代。妨礙生存或繁衍的性狀會逐漸消失。這些性狀可能與生理機制或是行為表現有關。

天擇與遺傳變異緊密地共同運作，基因序列的隨機突變能創造出各種有利或無利的遺傳性狀。以紅色和綠色的甲蟲為例，鳥類在綠色環境中，較容易看到並抓住紅色甲蟲，所以能生存下來繼續繁衍的紅色甲蟲就少了。久而久之，紅色甲蟲愈來愈少，而綠色甲蟲則蓬勃興旺。然而，紅色的瓢蟲可以在綠色環境中存活是因為它有不同的適應能力。鳥類學到紅色瓢蟲吃起來有苦味，

焦點

友善的狐狸

從1950年代開始，西伯利亞基因學家狄米崔‧貝里耶夫（Dmitry Belyaev）主持了一項特別的長期實驗。他知道早期人類成功地將狼馴化成了狗。這些馴化的動物不僅跟他們的狼族祖先有生理上的不同，在行為上也不一樣。牠們變得忠心、熱情且服從。貝里耶夫決心要以30個世代的時間來完成人類祖先花了3000年所達成之事：馴化一種野生的犬科動物，銀狐（Vulpes vulpes）。

貝里耶和同事為計畫挑選狐狸時，完全是看牠們行為是否溫馴。幼狐若是願意讓實驗者撫摸，且會搖尾巴、嗚嗚叫，就會被選進這個繁殖計畫。經過40年時間，培育了4萬5000隻狐狸後，貝里耶夫的諾佛塞伯斯克狐狸農場裡已經有了100隻完全馴化的狐狸，都很熱情且渴望人類陪伴。實驗者路德米拉‧楚特（Lyudmila Trut）寫道：「『野獸』已經在我們眼前變成了『美女』。」這個馴化過程有一個令人著迷的副作用：雖然當初挑選狐狸的標準是只看行為，但和狗一樣，這些狐狸也產生了一些和狐狸祖先不同的生理特徵。牠們發展出垂軟的耳朵和捲曲的尾巴，有些的毛髮中甚至出現星狀的色素沉澱。實驗結果證明，為了行為而進行的育種已經改變了相關基因的複雜系統。

因此鮮豔的紅色對鳥類而言反而成了一種警告。

在動物身上很容易從行為和生理特徵上認出有利於生存和繁衍的演變。鳴禽會本能地逃離捕食者，春天時則會唱歌吸引配偶來到牠的地盤。要承認我們自己身上也有演化行就比較難了。例如，說我們的擇偶條件或自己特有的恐懼症是源自於史前時代，很多人都無法接受。但實在沒有理由認為人類與其他生物個體有何不同。經過千百代的演化，我們的腦部確實已經變得跟猿人祖先不同。此外，我們也發展出語言。但從人類生命時間的角度來看，演化是緩慢的。幫助我們史前人類祖先生存的那些行為，至今仍然嵌在我們的腦中。

》模組化的腦部

我們的腦部和我們的身體一樣，也是模組化的結構，能有效地將特化後的器官分組。不同的神經迴路用來解決不同的問題。腦中的某些部位掌管了視覺、記憶、感覺、臉部辨識和其他功能。有一套特定的神經路徑是用於性吸引力，會將我們的注意力引導到有魅力的對象身上。這些神經迴路或模組已經演變成能用不同的標準來解決不同的問題，這也是一項優點。一個女人絕不會想用同樣的標準來挑選巧克力棒和丈夫（除非她喜歡她的男人又甜又黏膩）。

腦部還在發展時，這些路徑就已經接好了，給予我們一張自與生俱來的備忘錄。所有的動物都有不同的腦部迴路，分別用於尋找食物、選擇配偶和探索棲地。人類嬰兒天生就有辨識人臉的能力。在出生短短十分鐘內，新生兒的視線和頭轉的方向就會受到類似人臉的圖樣吸引，但同樣的圖樣若是打亂了，嬰兒就會視若無睹。到

「活在當下的能力，
是健全心理的重要元素」

心理學家亞伯拉罕‧馬斯洛（Abraham Maslow）

了六至八個月大，嬰兒會發展出對陌生人的恐懼，尤其是對陌生男性。這是一種本能，反映出雄性動物可能會對其他雄性動物的幼兒造成威脅。

由於演化是緩慢的，我們先天具備的行為正是那些可以幫助我們在史前環境中生存下來的行為。就以害怕和恐懼症為例：現今最普見的恐懼症是對蜘蛛、蛇、陌生

出生後幾分鐘之內，新生兒就會轉向人類的臉。

人和高度的恐懼。視覺測驗的結果顯示，我們可以在複雜的視覺圖像排列中，快速地挑出蛇或蜘蛛的圖片，同時忽略其他較無危險性的圖片。但我們對於現代更多具有高度危險性的物件，例如槍枝或電器插座，卻幾乎沒有這種反應。對我們的祖先而言，害怕或躲避有毒動物或具有潛在攻擊性的陌生人，是非常合理的事。在今日就沒那麼合理了，但我們還是擺脫不了這些專門用來應付過時問題的本能。

我們的本能依不同的目的而定，而這些本能也可能會相互競爭。例如，對陌生人的恐懼感可能會與吸引異性的慾望競爭。每當我們需要克服害羞去跟一位不認識的人講話時，都會感受到這樣的掙扎。

先天害怕蜘蛛的牧羊女小波比是患有蜘蛛恐懼症的諸多人物之一。

社會環境

人類的本能也是為一個社會化的世界發展出來的，我們會對其他人的行為做出反應。對我們而言，社會環境就和物理環境一樣重要，甚至可能更重要。我們是社會化的動物，而研究顯示，生命中有其他人存在，對我們來說是健康且自然的。如今，親密關係和豐富的社交網絡與我們身心健全息息相關。腦部掃描顯示，當一個人有社會支持時，腦部活動會較為平靜，也較不警戒。大腦似乎將社交視為一種基本的行為模式。不論是否有意識到這一點，我們都仰賴社會資源來支持我們的生活。

社會關係能夠分散風險。明顯的優點之一就是群體中的成員會互相提醒有危險狀況。人際關係也可以節省能量。從歷史的角度來看，朋友、親人和社群能互相幫助、提供資訊，降低每個人在日常生活中花費的力氣。對於他人的出現，我們會本能地產生一種支持感。例

如，近期的一項研究發現，受試者若是站在朋友身旁，就會覺得眼前的山坡沒那麼陡。友誼愈是長久，受試者看到的山坡就愈不陡。換言之，面對艱難的情況時，擁有朋友能幫助我們度過難關。

親密關係尤其能讓我們的生活更輕鬆、降低壓力。親密伴侶會合作照顧年幼者。他們會在伴侶生病或受傷時提供幫助，情感支持也能提供心理上的緩衝。在一項實驗裡，受試的女性分別在三種情況下受到電擊的威脅：獨自一人、握著陌生人的手，以及握著親密伴侶的

(?) 問問你自己

在群體中的安全性

》人類與鴕鳥有什麼相似之處？

兩者都在群體中找到安全感和舒適感。野生鴕鳥的研究者發現，鴕鳥有兩個相互競爭的考量。要發現獵豹、獅子和非洲野狗等捕食者的蹤跡，就必須伸直長長的脖子、把頭高高抬起。但要尋覓牠們平常的食物——貼近地面生長的植被，又必須把頭靠近地面。若不斷地抬頭警戒、低頭覓食、再抬頭警戒，這些身形瘦長的鳥必會精疲力竭。

解決這個問題的方法就是仰賴群體警戒。在一個群體中，只要有幾隻鴕鳥抬頭守望，其他鴕鳥就可以低頭覓食。集結愈多鴕鳥，就有愈多的覓食時間。觀察者發現x，群體中一隻鴕鳥抬頭警戒的頻率，與群體內鴕鳥的數量直接相關。鴕鳥的數量愈多，每隻鴕鳥需要抬頭警戒的頻率就愈低。

這樣的現象也適用於人類。身為群體的一員，就能共同分享利益並分散勞動力，同時受到分散風險的保護。雖然威脅群體的危險依舊存在，但群體內每個成員的風險卻較小。

》所以問問你自己：

當你面對一個艱難的任務時，無論是工作上的棘手項目還是家庭問題，獨自一人承擔和有人分擔，對你來說有什麼不同？你的情緒反應如何？有人在你身邊時，是否能減輕你的焦慮？面對人生中的挑戰時，你能從這裡學到什麼？

手。在她們獨自一人時，威脅感會引起腦部最大的反應，其次則是有陌生人安慰時。而有親密伴侶的撫觸時，女性感受到的壓力是最低的。

其他的社會本能也有明顯的演化優勢。相較於關係疏遠的人，我們對於關係較為緊密的親朋好友會有更多的利他想法。我們也傾向於辨別並懲罰會欺騙和占便宜的人。此外，我們對於社會階級也有與生俱來的敏感度，且會據此調整自己的行為。所有這些行為都能保護我們的家庭，維持社會環境的穩定度和可預測性。

》性別與演化

1978年，有一群研究者於招募了男女大學生，讓他們在校園中漫步並靠近異性，說：「我在校園中注意你一陣子了，覺得你非常吸引我。你願意今晚跟我上床嗎？」結果發現，所有的女性都斷然拒絕。有75%的男性同意，有些甚至還說：「

男人和女人都偏愛左右對稱的長相。

何必等到今晚呢？」此後的多年間，研究者又重覆了三次這樣的實驗，包括在愛滋病出現的1980年代。結果都一樣。

男人嚮往隨意的性愛、女人想要穩定的關係，這已經是老生常談、刻板印象──但也是一個事實，有許多跨國研究證明。研究發現，男性每天想像性愛的次數遠多於女性。例如，一項針對18到59歲美國人的調查發現，有54%的男性每天都會想到性，有的甚至一天好幾次，但只有19%的女性如此。其他的研究發現，在約會的青少年之間，女孩在發生關係

前通常希望先有愛情的感覺或愛的告白。至於男生就沒那麼需要了。

這些性渴望和性行為上的男女差異，在演化上有個合理的解釋。男性和女性在演化上都趨向以最適合的方式來生存和繁衍，然而，兩性在這些演化過程中的得失利弊是非常不同的。從歷史的角度來看，懷孕生產和嬰幼兒的養育，是女性一生中既危險又勞心費力的活動。若能有一位給予堅定支持和承諾的伴侶，就能減輕這樣的風險和負擔。男性則完全不必負擔這些風險。從演化的角度來看，男性反倒能透過四處交配散播基因而從中獲益。所以，男性為何要行一夫一妻制呢？從另一個冷血的觀點來看，交配就如同一個市場。性行為和生育力可以被視為一種珍貴的資源，主要由女性掌控。男性則透過追求女性、投資一段長期的交往關係，來「購買」這種資源。

從演化的角度來看，人們對出軌會有雙重標準也是意料中的事。古今中外，紅杏出牆的妻子所受到的譴責，向來都比不忠的丈夫所受的譴責還要嚴厲得多。因為女性把一項珍貴的資源——也就是生育力——給了另一名男性和他的基因。但是對妻子不忠的男性，依然可使他的妻子受孕。所以男性的不忠並不會造成演化上的損失。

演化的邏輯也能解釋外在吸引力的標準。男性和女性都較喜歡長相對稱的異性，因為這樣的外觀顯示了基因的健全素質。世界各地的男性都會被代表生殖能力的特徵吸引，認為外貌年輕、腰細的女性比較誘人。女性選擇男性時則比較重視權勢而不是外貌，偏好有錢、強勢但又懂得關照他人的男性。

焦 點

我曾經後悔過

談到後悔，男性和女性在大多數事情上都是一樣的感受。男人和女人後悔的通常是自己沒做什麼（錯失機會、不願冒險），而不是做了什麼。但如果後悔的事跟戀愛關係有關，男女就會出現分歧。談到親密關係，女性後悔的比較有可能是過去的作為，例如曾經跟一個混蛋在一起。男性則比較容易遺憾自己當初沒有做過哪件事，例如「我應該更努力嘗試跟某某某上床。」從演化的角度來看來，這是可以理解的。女性能從謹慎挑選伴侶中獲益，男性則有尋找多重伴侶的動機。

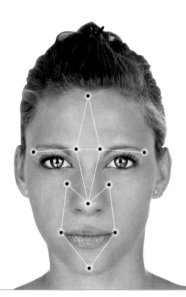

臉部長相的對稱對於異性來說通常是代表健全基因的特徵。

「有人說男人是理性的動物，而我窮極一生都在尋找能夠支持這件事的證據。」

哲學家伯特蘭·羅素（Bertrand Russell）

男性和女性記憶力的些微差異也顯示出演化的影響。假設在人類的大部分歷史中，男性多為獵人，女性多為採集者，那麼演化就應該賦予男性較強的空間導航記憶，而女性則有較佳的物件記憶。事實上也是如此，即使差異不大。在一項研究中，男性和女性都逛了農夫市集中的六個食物攤位。研究者接著給受試者看了市集區域的地圖，並要求他們指出每一個攤位的地點。女性明顯較能指出攤位的位置，並同時記住可以找到高熱量食物的地點。這對早期的女性採集者而言非常有用。這種記憶力是一種石器時代的技能，仍然存在現代人的腦袋裡。

》文化的影響

雖然演化上的解釋很令人滿意，但我們必須切記，這些本能傾向只是決定人類行為的眾多因素之一，很輕易就能被後天學來的行為抵銷。在西方世界，性魅力的標準在最近幾個世紀內有過很大的變化，從17世紀的豐腴曲線到近幾十年的骨感

關係模式反映了我們想把基因傳遞下去的內建衝動。

體態。這些口味改變得太快，不可能是演化的結果。根據演化的邏輯，男性也應當偏好無性經驗的處女，因為這可以保證他們未來的子女是他的親生骨肉，而非其他競爭者的孩子。但研究顯示，男人是否偏好貞潔的伴侶，是有文化差異的。例如，中國、印度和伊朗的男性偏好處女，但瑞典、德國和法國的男性卻根本不在意，甚至覺得處女比較不吸引人。幾乎所有的文化都提倡一夫一妻制，而他們的人口也跟隨這個趨勢，最終變成男性和女性都尋求長期的關係。在兩性比較平等的文化中，男性和女性挑選伴侶的口味差異較小。演化無法決定我們的行為。「我的基因要我這樣做」不再是個合理的藉口。

》競爭的動機

演化也塑造了我們的動機。1943年，美國心理學家亞伯拉罕·馬斯洛在他的研究領域中引進了一個新的觀點。在此之前，佛洛伊德學派的心理學家探索的是神經症和功能障礙，行為心理學家則拒絕聚焦於此，轉而研究學習和刺激的機械方法。馬斯洛走了第三條路，透過動機來檢驗人類行為。他相信人類達成目標的驅動力是每個人內在的需求和動機所造成的。雖然沒有引用演化理論，但他的想法還是反映了這門科學的基本信念，也就是認為所有行為都是目標導向。我們會努力達成想要的目標，例如生存和繁衍，這是天擇的結果。

馬斯洛找出全人類共有的五種基本需求或動機，將它們按照等級排列，也就是他所提出的著名金字塔。最底層的是基本的身體需求，例如食物、水、睡眠和性。往上一層則是安全需求，例如庇護、安全、可預測性。再上一層則是愛和歸屬感的動機，包括各種情感和社會連結。再往上一層便是自尊或尊重，也就是需要喜歡自己並且受到他人尊重。最頂層則是自我實現，也就是發揮個人潛力的需求。

試試看

記住那些積木

你的空間記憶有多好呢？和你的伙伴一起試試這個變化版的克羅斯積木點選測驗（Corsi block-tapping test），它能評估你對空間的短期記憶。你需要九個完全相同的積木或相似的物件，並在積木的一側依序標上數字1-9。

》測驗很簡單

測試者將積木隨意排在桌上，只有他能看到積木上的數字。你坐在他對面。測試者先點選1號和2號積木，你則依照相同的順序點選相同的積木。接著，測試者重新排列積木，再次點選1和2，你則依照順序重複點選。成功兩次後，測試者就把點選的積木增加到三個，重覆上述測試。又成功兩次後，再增加到四個，然後重覆以上步驟，依此類推。平均來說，受試者很難追蹤到五個以上。你最多能記得幾個積木的順序呢？

馬斯洛將上述多種動機整理成金字塔形狀，用以說明整體而言，某些動機一定會凌駕於其他動機之上。對食物、庇護和安全的原始需求一定會優先於社會或藝術動機。一個飢餓的人會把覓食擺在自我表現之前。馬斯洛也認為，這樣的階層可以反映出人類的發展。最基本的需求是所有嬰兒都有的，至於情感、自尊或自我實現的渴望則會在之後的成長過程中漸漸浮現。

馬斯洛的需求金字塔清晰易懂，看在心理學家和其他非專業人眼裡也很有道理。它協助塑造了正向心理學的領域，這個領域著重的是人類如何獲得幸福。而就某種程度而言，它也已經被研究證實。人類似乎確實有強烈且可以識別的動機系統，用來追求基本生理需求、安全、社會連結和身分地位。至於自我實現究竟算不算基本需求，目前仍有疑慮。確實，人們經常追求創造力和自我表現，也有人會繼續做一些不支薪的工作。但金字塔的這一層特別缺乏實質證據的支持，而這整個模型也一樣。

當代心理學家道格拉斯·坎瑞克（Douglas Kenrick）和同事們修正了這個需求金字塔的架構，使它更能清楚地對應演化動機。修正後的金字塔底層類似於馬斯洛的金字塔概念，不過是以尋覓配偶、維持配偶關係和子女教養的需求取代馬斯洛金字塔裡的自我實現。坎瑞克的金字塔階層如同馬斯洛的動機階層一樣，是根據優先順序和孩童發展來組織。例如

馬斯洛的人類需求金字塔

坎瑞克的人類需求金字塔

在坎瑞克的金字塔中，人際關係和身分地位是比較高階的人類需求。

飢餓或自我保護這類需求出現在嬰兒時期，社會依附和自尊在童年時期變得比較重要，而年輕的成人會利用學來的社會技能尋找和吸引配偶，最終合理地發生育兒行為。

坎瑞克金字塔的嵌套式結構強調需求是互相重疊的，較後期發生或較高等的動機並不會取代早期發生的動機。我們的所有需求都是終生存在的，有時會相互競爭，有時會蓋過其他需求，視情況而定。我們可以同時追求身分地位和浪漫伴侶。這些動機並不會消失，但當我們面臨安全或基本需求的

古代環境
塑造了
我們的身體
和心靈。

威脅時卻會退開。我們的各種動機會相互交錯出現，並且隨著情境增強或減弱。假設你和你的老闆正共進午餐，你正力求表現，卻發現有一隻蠍子爬上你的腿，你定會跳起來把牠拍走，因為此時生存意念會超越身分地位的重要性。但倘若是一隻螞蟻在你的腿上，身分地位就會優先於生存意念，所以你可能會選擇忽略牠。

》過時的適應行為

古老環境中的生存挑戰塑造了我們的身體和心靈。有些挑戰在現代已經絕跡，但適應力還存在。演化的改變需要幾千個世代的累積，所以我們其實是用集獵者的身體和腦在處理新時代的食物、科技和文化。肥胖和糖尿病正是這種演化不同步所造成的生理症狀。高熱量的糖和油脂雖然對身體有用，但在早期人類歷史中卻很難得到。我們的身體逐漸發展出對這些食物的渴望，而且會找尋和儲存這些過量的卡路里來捱過饑荒時期。現今，這些養分太容易取得，而且至少在已開發國家，饑荒已經很少發生，但我們的身體還不知道。因此我們依舊大啖甜食，把多餘的卡路里儲存起來──連同其他不是來自甜食的過量卡路里。當你下一次伸手拿巧克力布朗尼時，你也許可以想想你的祖先可能需要它，但你不需要。

先前提過的恐懼症，是另一個過時適應行為的明顯例子。蛇、蜘蛛和遼闊的空間都已不再像過去一樣帶來威脅，但演化過的腦卻不這麼認為。即便是跟現代世界息息相關的某些恐懼症，也可以用古老的畏懼來解釋。例如，害怕飛行不可能是飛機問世之後才演化出來的。然而，害怕極限高度、害怕密閉空間、害怕在不熟悉的情境下失去控制，在從前都是適應行為。若全部加在一起，這些就會讓人對坐飛機產生本能的恐懼。

分離焦慮也曾在人類生存中扮演重要角色。早期人類幼童害怕與自己的照顧者分開，這完全是可以理解的。今日，孩童可能會離開家裡到幼兒園或托兒所，但內建的分離焦慮卻會讓他們（或他們的父母）遭遇一些不必要的困難。明白這點，並且理解令人安心的經驗能克服孩童的害怕，有助父母和托育人員度過這個轉換期。

孩童的分離焦慮要追溯到較早的演化時期，當時對孩童而言，遠離父母便意味著危險。

現代醫學已經讓一些人類本能變得無關緊要，甚至具有潛在危險性。在避孕技術發明以前，男性的性忌妒有助擋開其他男性，確保配偶生下自己的孩子。有了避孕措施後，這種性忌妒理當不該存在於任何理智的男性腦中。同樣地，在女性可以養活自己和孩子的社會裡，感情上的忌妒應當是無關僅要的。但當然，時間還沒長到足以抹去腦中這些不適當的反應。無論如何，倘若早期歷史中就有避孕措施，那麼它可能會被視為對繁衍的威脅。如史迪芬・平克所言：「假如更新世的熱帶草原上長著會結避孕果的樹，演化之下，我們可能會覺得它就像毒蜘蛛一樣可怕。」

恐懼症是過時適應行為的明顯例子。

》後見之明和未被解答的問題

演化心理學是一門還在研究中的科學，仍有其被批評的地方和難處。最被人詬病的是，它用已經發生的事來自圓其說。要拿一個現象逆推回去，讓它符合你想要的演化解釋，實在太容易。人

「若是一成不變，
我們就無法順應所需。」

麥克斯・迪普雷（Max De Pree），企業家與作家

類具有利他傾向？這能使人類基因在一個安全互助的社會中延續下去。人類具有謀殺傾向？這能淘汰弱者，使人類基因延續下去。但這種簡單的解釋在普羅大眾之間比較常見，科學家則會以我們對古代人類社會的紮實知識為基礎，盡量不做無法驗證的預測。

有些行為還是違反了天擇的原則。自殺是一個主要的例子。美國每年都有將近4萬人自殺，其中絕大部分的年紀介於15到44歲之間。很難從演化的邏輯來解釋年輕

人的自殺，因為自殺行為按理來說應該早就被淘汰。自殺行為有可能是另外一種行為的非適應性副產品，但目前還是沒有一個合理的解釋。

儘管這些問題都還沒有答案，但已有不少研究支持這個想法：演化塑造了我們的大腦，以及我們大腦所控制的一切——我們天生根深蒂固的行為、我們的個性，甚至是我們基本的自我認同。人類之所以成為現在的人類，是因為我們的祖先在古代環境中面對了某些特定的挑戰，並以心理適應來克服。如今，我們的大腦融合了這些適應能力，使我們成為現代人——快樂、膽怯、喜愛冒險、多情，且對自己充滿好奇心。

人類心智的許多功能都可以回溯到原始的生存壓力。

第二章

心智是腦部運作的結果

我們了解自己的心智嗎？腦部研究結果顯示，我們似乎並不了解。在罕見的大腦半球切除手術中，兩個半腦之間的聯繫被破壞，通常是因為外科醫生切斷了兩個腦半球之間的神經束（也就是所謂的胼胝體）。

這是一種逼不得已的最終手段，為的是停止嚴重的癲癇發作。一般而言，人就算沒有了左右腦之間的聯繫，也還是可以過得頗好。他們原本的性格和智力都不會改變。然而，這種手術突顯出一個事實：左右半腦幾乎可以獨立運作，就彷彿病人同時擁有兩個心智，有時還會互相衝突。

在一個經典實驗中，研究者讓裂腦病人坐在螢幕前，並要求他們注視螢幕中間的點，接著在螢幕快速閃現「HEART」字樣，並讓「HE」出現在螢幕左側，而「ART」出現在螢幕右側。當他們問病人螢幕上出現什麼字時，病人的回答是「ART」，這是因為左右交錯的視神經將螢幕右方的文字訊息傳達到左腦的語言處理區域。

但當實驗者要求同一位病人用左手指出他所看到的文字時，病人則指向「HE」，因為這個文字訊息曾經轉達到控制病人左手的右腦。這樣的結果讓病人吃驚，因為他並沒有意識到自己有看到那部分的字。其他的裂腦病人則可以同時閱讀兩本書，一隻眼睛看一本，或是同時用左右手畫出兩個不同的圖形。在有些病人身上，他們的左手並不知道右手在做什麼，例如一隻手在解襯衫鈕釦的同時，另一隻手又將鈕釦重新扣上。

對我們這些喜歡認為自己能掌控心智的人而言，最令人不安的地方或許是，裂腦病人自己並不會意識到這件事。一個病人的右腦接收了

腦部

1 額葉
最大的腦葉，與推理、精密
動作技能、高等認知和語
言表現有關。

6 頂葉
負責處理感覺訊息，例如
觸摸和疼痛。

5 枕葉
透過初級視覺皮質處理
來自眼睛的視覺刺激。

2 顳葉
解釋多種聲音和語言。

3 腦幹
控制最基本的生存功能，
擁有感覺和運動神經。

4 小腦
控制精準的自主運動(例
如拿一個杯子)和活動的
學習過程。

大腦是腦部最大的區域，可以分為左右半腦。最外層的大腦皮層區可以分成四個腦葉區。

「走」的指令，就會開始行走。但問他為什麼在走路，他卻不會說是有人叫他走，也不會說他不知道。他負責邏輯思考的左腦會想出一個理由。他會說：「我要進屋裡去拿瓶可樂。」

我們真的控制了自己的行為嗎？還是說，我們的腦有自己的行程，獨立於意識知覺之外？如同演化科學已經證實我們的某些行為是先天內建於腦部的，現代神經科學的進步也已經證明，大腦能處理資訊，基本上也能自行做出決策。很多心理學家現在已同意認知科學家馬文·明斯基（Marvin Minsky）所說的：「心智是腦部運作的結果。」種類廣泛的情緒和行為都能直接回溯到相對應的腦部區塊。

記憶、注意力、判斷力、知覺、同理心、情緒和自我認知等心智歷程，全都源自於神經運作。令人感到困擾的是，很多神經運作過程都不會被心智所察覺，只有進行腦部功能掃描時才會發現。當你發現自己出現無法解釋的行為時，很可能就是你的大腦叫你做的。

兩個心智

我們的心智能力可以對應到大腦的特定部位。例如大家所熟知的，左右兩個半腦能接收來自對側眼睛的視覺訊息：右腦接收左眼所見，而左腦則接收右眼所見。兩半腦也控制對側身體的行動，右腦控制左側身體的動作，左腦則控制右側身體的動作。

兩個半腦互為對方的鏡影，但有些心智功能還是偏重在某一半球。數學、邏輯和記憶提取的功能由左腦主宰；空間能力、對音樂藝術的理解、直覺推理、臉部和情緒的辨識則主要由右腦負責。兩個半腦都具有處理語言的能力，但左腦所占比重較大，它負責理性地分析語句。右腦也能辨識大部分詞彙，但要理解句法就有困難。例如，右腦並無法區分「飛機在飛」和「在飛飛機」這兩個句子有什麼不同。

腦部特化讓我們的腦可以運作得更有效率，左右兩個半腦之間的聯繫則能讓它運

焦 點

腦部基本知識

我們頭骨中這個粉灰色、會晃動又有皺摺的器官是生物學上的奇蹟。腦部有大約900億個神經元，創造了極其複雜的連結網路，不但控制著身體，也創造了我們難以形容的意識和認同感。

在最基本的分類標準裡，腦部可分為三個結構：後腦（hindbrain）、中腦（midbrain）、前腦（forebrain）。後腦和中腦大多負責一些與生俱來的功能，如呼吸、心跳與協調動作。當我們想到心智，我們想到的通常是前腦——也就是大腦和隱藏其中的那些微小構造。

大腦被一道深溝分為左右兩半腦。通常這兩半腦的結構和功能是相互對稱的（雖然語言處理過程大多是發生在左腦）。兩個半腦的後方是枕葉，它是處理視覺的地方。枕葉旁是顳葉，主宰聲音、言語和一些記憶功能。在顳葉的上方是頂葉，處理動作、計算和形態的再認能力。額葉在大腦的前端以及額頭的後方，主掌意識想法、決策、情緒反應和其他東西。

在大腦下方內部，也就是腦部的中心，是一些由曲折的小結構構成的邊緣系統（Limbic System）。情緒和那些影響我們生存的訊息會傳過這個系統，知覺訊號也是在這裡歸類和分配。兩側的杏仁核（amygdala）會偵測和傳遞有關害怕的訊息。海馬迴所建立的長期記憶則是我們自我認同的基礎。

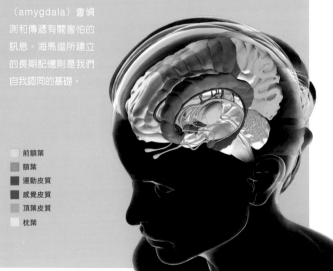

- ■ 前額葉
- ■ 額葉
- ■ 運動皮質
- ■ 感覺皮質
- ■ 頂葉皮質
- ■ 枕葉

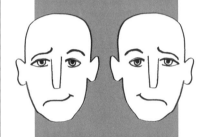
作得更順利。因為胼胝體能瞬間傳遞訊息，所以我們無須意識便能立即融會雙眼所見，並協調兩側身體動作。左腦儲存的詞彙知識可以和右腦對上下文內容的理解相結合。對於一個正常人而言，兩個半腦之間的分隔是無形的。我們的思想和行動似乎根源自一個單一的自我。

» 心智猶如冰山

暫且撇開裂腦不談，連正常的腦中也能發現兩種訊息處理的軌跡：有意識的訊息處理——例如感覺、思想、情緒、決策，以及無意識的訊息處理。就像冰山大部分都藏在看不到的海面下，無意識的處理過程也遠遠超越有意識的。根據一項估計，我們的感官每秒大約會接收1100萬位元的資料，但我們有意識去思考的只有其中40個。這並非壞事。假若我們時時刻刻都同時意識到每一個聲音、每一個觸感、每一次呼吸、每一個動作轉換，那麼我們根本就無法運作。

無意識覺察的一個例子是視盲現象，這會發生在皮質性視盲的人身上。這些人擁有正常的眼睛和視覺傳導途徑，但腦部主宰視覺和物件辨識的腦區受到損壞。實驗者

心智的運作大多是無意識的訊息處理過程，我們有意識的那些只是整個心智的冰山一角。

拿著一顆球站在這類病人面前，要求他辨認物體，他會回答說他看不到。但若要求他伸手抓球，他卻可以準確地做到。這是因為一些視覺訊息已經無意識地傳達到負責空間反應的腦部未受損區域。視盲有其隱藏在其他心理運作中的相對應現象，包括在記憶、決策、偏見、社會互動、情緒反應以及其他更多方面。許多現代心理研究都致力於了解這些潛藏的動機，以及它們如何影響我們的行為。

變動的狀態

我們在日常生活中本來就會進入不同的意識狀態，而這也是隱藏的心智最能得到彰顯的地方。睡

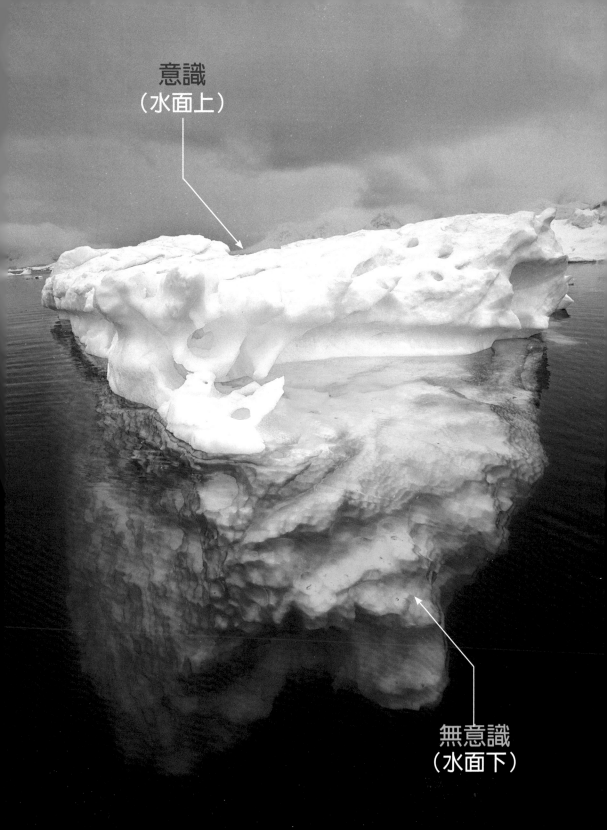

意識
（水面上）

無意識
（水面下）

眠在我們一天的生活中占了大約八小時，會帶領我們的心智進入一個黑暗的區域，充滿了變換的心理模式和虛幻的影象。沉睡時，我們對外在感官訊息的覺察會變弱，但不會完全消失。熟悉的空調開關聲音並不會干擾到我們，但樓下的腳步聲卻能讓我們驚醒。

睡眠不等於無意識，它本

睡眠循環時的心智活動與清醒時不同。

身就是一種獨特的現象。睡眠時的腦電波圖顯示，我們夜裡會重複經歷五個睡眠階段。第一階段以不規則的腦波為主，接著進入第二階段，此時睡眠更深沉、更為放鬆，腦部只會偶爾活動。第三階段是短暫的過渡期，之後便進入睡眠最深沉的第四階段，大腦散發出緩慢的德爾塔波。

過了深度睡眠的階段後，腦部再次變得活躍，進入快速動眼（REM）或夢境睡眠

期。此時心跳會加快，眼球則在閉合的眼皮底下快速轉動，「快速動眼期」這個名字便是這麼來的。如果在這個階段被叫醒，百分之80的人會說他們做了夢。在此同時，除了眼睛或指尖的抽動之外，腦幹會暫停大肌肉的活動，讓身體呈現麻痹狀態。這可以防止身體真的執行夢中的動作。這種麻痹狀態有時會持續到清醒前的過渡期，造成一種詭異的半夢半醒狀態，睡眠者可能會一

睡眠階段

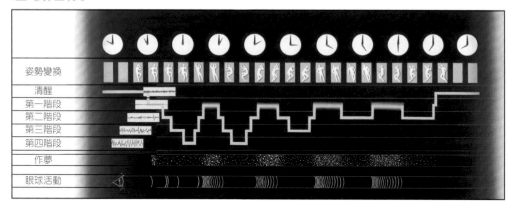

姿勢變換	
清醒	
第一階段	
第二階段	
第三階段	
第四階段	
作夢	
眼球活動	

邊作夢，一邊又有動彈不得的不安感。

為何每天都會發生如此戲劇化的意識狀態轉換？沒有人知道。睡眠依舊是最大的科學謎團之一。從演化的角度看，睡眠似乎是既浪費時間又危險的。正在睡覺的動物無法進行繁殖活動，而且很容易被捕食者攻擊。但睡眠似乎又非常重要，不只對人類如此，對所有的鳥類和哺乳類也都是如此。人不睡覺會死。具有罕見遺傳性失眠的人通常在短短幾年內死亡。睡眠被剝奪的老鼠也會在幾週內死去，儘管解剖牠們的屍體時並找不到任何造成死亡的生理原因。

關於睡眠的原因，有很多理論被提出，但都沒有證實。有些科學家認為，睡眠必定可以促進腦部功能。實驗顯示，腦部在睡眠時可以固化新學到的訊息，同時淘汰其他無用的訊息連結。有些研究者則認為，睡眠是對身體有好處，因為它能保存身體的能量和資源，危險出現時又能快速警醒。目前為止，除了確定睡眠很重要之外，其餘的我們還是一無所知。

若沒有睡眠，我們就會死。

≫ 麻醉

藥物也能改變意識，而少有幾種藥物能帶來比全身麻醉更戲劇性的變化。全身麻醉能讓人進入無意識狀態，阻擋對疼痛的知覺。儘管人類使用麻醉藥物已有150年之久，但這些藥物究竟如何達到這樣的效果，我們還是不太清楚。它們以某種未知的方式阻擋了一些腦部神經衝動的傳遞，但又同時讓你維持基本的呼吸和心跳。大

多數人從全身麻醉甦醒後，都對過程毫無記憶。但少數幾個不幸的人卻證實了：病人躺在那兒動也不動，並不代表就沒有知覺。

手術時，1000個個案當中，僅有一兩位病人回報能感受到一些感覺或聽到醫生講話。雖然多數個案感覺不到疼痛，但這樣的記憶還是可能造成創傷。很多醫院會用畢氏指數（BIS）監控儀觀察腦波，測量病人手術前的清醒程度。然而近期研究顯示，這種監控儀並無法預防麻醉下的清醒狀態。另一種方法或許可以為這個問題找到答案。正子發射斷層攝影術（PET）掃描從麻醉狀態恢復的腦，結果顯示清醒狀態最先出現在較原始深層的腦部構造，例如視丘和邊緣系統。這或許可以解釋為什麼只監控腦部皮質區的儀器比較沒有效果。

》催眠

催眠跟藥物一樣，理應可以造成心智狀態的改變，讓受試者進入一種恍惚狀態。打從維也納醫生弗朗茲·梅斯梅爾（Franz Mesmer）於17世紀開始用「動物磁流法」來治療病人，催眠術就已經存在。佛洛伊德曾經將催眠應用於心理治療，後來他的許多追隨者也使用催眠。時至今日，催眠仍被用於治療很多種情況，從長期疼痛到煙癮都有。但很多心理學家認為，與其說催眠經驗是一種意識狀態的改變，不如說是人性極易被暗示的一個例子。

毫無疑問，被催

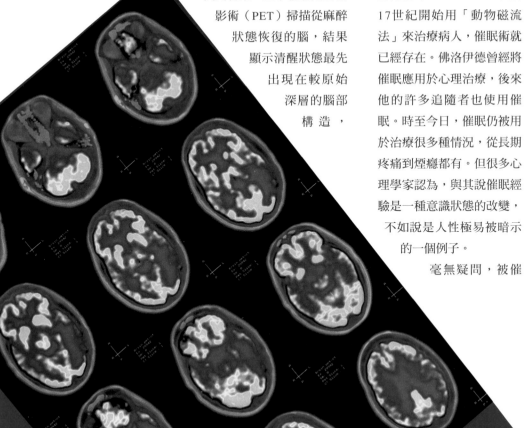

正子發射斷層攝影術掃描使用放射性顯影劑來讓腦部狀態成像。

眠的人是真的會回應那些不合理的指令。催眠者用撫慰人心的聲音帶領他們進入放鬆與內在意識的狀態，然後告訴他們說阿摩尼亞的氣味猶如香水，他們就會愉悅地嗅個不停。指示他們忘記催眠時的所有行為，他們就真的會忘記。PET掃描結果證實，人受到催眠時的腦部狀態和平日清醒時不同，那些負責心像活動和感覺的腦區會更為活躍。此外，臨床催眠治療者的催眠暗示確實幫助了一些人減肥和抵抗疼痛。然而，從前人們認為催眠是一種獨特的恍惚狀態，但這個概念已經被另一種同樣怪異的發現所取代：如果提出要求的是個權威性人物，那麼人們也能輕易改變自己的心智狀態。

1990年代的研究顯示，多數人都能受到一定程度的催眠。幾乎任何一個人被暗示說他的眼皮愈來愈沉重時，都會覺得眼睛快要閉上。然而，催眠本身可能與一般人願意執行奇怪的指令無關。在1950年代一些令人不安的實驗中，兩組人（一組接受了催眠暗示、另一組沒有）都被要求執行各種反社會的行為，例如把一杯酸液潑到實驗者臉上。接受催眠的受

「心智是
腦部運作的結果」

認知科學家馬文・明斯基(Marvin Minsky)

臉部表情在每個文化中傳達的都是一樣的情緒。

試者確實潑了，但那些未接受催眠的受試者也一樣。事後被問及此事時，未接受催眠的受試者告訴實驗者，說他們斷定這個行為是安全的，因為有負責的權威人物在場監督。（值得注意的是，當實驗者非正式地要求自己的同事做出同樣的動作時，大家都拒絕了。）

最容易被催眠的人，就是那些相信催眠術、認為自己可以被催眠的人，以及那些具有強烈狂想、容易迷失在幻想世界（例如書籍或電影）中的人。探索自己、想像置身不同的狀態，是一個人可以被催眠的前兆，這種能力大部分人或多或少都

1950年代的催眠實驗顯示，心智非常容易受到暗示，因此人們會服從那些不合理的指令。

有。例如你可以試試看：努力站得直挺挺的不動，但旁邊卻有人一直告訴你說你在前後搖擺、前後搖擺。這樣的暗示是非常難以抗拒的。

當催眠師提出比較極端的指令時，催眠術真正的極限就變得明顯了。接受催眠的人若是被要求將時光倒轉到童年，那麼他們確實會表現得幼稚，但兒童心理學家說，那種幼稚法卻又不是真正的孩童行為。連佛洛伊德也承認，催眠並無法真正提

「六、五…… 接著我們進入更深層的階段。你的身體會愈來愈沉重，每呼吸一次，你就更放鬆。 四……」

「行動似乎跟隨感覺，
但其實行動和感覺是並進的。」

心理學家威廉・詹姆斯 (William James)

取早期童年的記憶或幫忙解決創傷。但它確實揭露了想像力和社會影響的巨大力量。

社會腦

20世紀對於大腦和行為的大部分研究都著重於腦部，只把它當成一個孤立的生物機器，是根據古老的基因編碼建造的。他們的發現雖然很讓人著迷，但卻始終沒有深入探究那些用來定義我們生活文化的社交活動和情緒互動。從1990年代起，研究者擴展了腦部活動與行為研究的範圍，使之延伸到社交和情緒互動，將神經科學帶入了社會科學領域。除了其他東西之外，他們還找出了負責臉部辨識的腦區，發現生理上的疼痛和社交被拒絕所帶來的痛苦牽涉到的是同樣的腦區，還

有寂寞是會遺傳的。他們也發現，社會條件會影響生物條件。小孩的教養會影響他的神經系統。環境和教育可以協助重新塑造神經元、重建受損的腦部。腦部是有可塑性的，會對內在或外在的壓力反應。

》我認識你嗎？

辨識他人的面孔是人類最基本的社交反應之一。正常腦部和受損腦部的研究顯示，物體辨識通常是一個複雜且需要高程度區分類別的腦部功能。當你看著

這是我的狗，查理。

一個物體，例如你的狗，從你雙眼傳出的視覺訊號會迅速抵達你的顳葉，開始被分門別類。這是活的還是死的？它是什麼顏色？大的還是小的？是不是在動？它會發出什麼聲音？哪些情緒和它有關？這個連結和分類的網絡很快就匯聚成辨識功能：那是我的狗，查理。

臉部辨識自成

有臉孔失認症的人有時甚至認不出那些他們所愛的人的臉孔。

一格，與辨識身體其他部位不同。若是對人臉有嚴重的辨識困難，無論是認不出熟人還是完全無法辨識人臉，就是患有臉孔失認症，或稱臉盲。這種病有可能是基因遺傳，也有可能是腦部顳葉的特定部位受損引起的。神經科學家奧利佛‧薩克斯（Oliver Sacks）寫了一本有名的書叫《錯把太太當帽子的人》（The Man Who Mistook His Wife for a Hat），描述物體失認症的故事。薩克斯本身就有臉孔失認症。他在一篇文章中回憶，

前額葉是腦部的執行長。

說他認不得自己的長期治療師。「只要沒有前後脈絡，我看到人就會特別困惑，就算我五分鐘前才見過他們也一樣，」他寫道。「有天早上我跟我的精神科醫師會談後，就發生了這樣的事。（那時我已經在他那裡看診了好多年，每週都見他兩次）。就在我離開他辦公室幾分鐘之後，我在大廳裡看到一位穿著體面的男子對我打招

呼。我疑惑的想著為何這位陌生人好像認識我，直到身旁的管理員也叫了他的名字。當然，他就是我的精神科醫師。」薩克斯連辨識自己的臉孔都有困難。「有好幾次，我都對一個差點被我撞上的大鬍子男士道歉，接著才發現原來這位大鬍子男士是鏡中的我自己。」

臉孔失認症並不會延伸到動物的辨識——有此症的農

從波士頓到北京，腦基本上都是一樣的。

夫還是可以辨認他的每一隻羊。一般而言，這種症狀只和視覺辨識有關係，與情感辨識無涉，即便有些情緒並

不會被有意識地覺察到。在一個研究中，實驗者讓臉盲症的病人看家人和名人臉孔的圖片，然後再讓他們看第二次，並請他們說出名字。當然，他們無法認出任何臉孔。不過膚電反應的測量值顯示，他們的身體總會對家人的臉孔起反應。可見有一部分的大腦認出了這些臉，無需心智覺察。

如薩克斯的例子所顯示

的，一個人即便只有些許程度的臉盲，也可能被視為粗魯、害羞或有社交障礙。若你發現自己很難將臉孔與名字相配對，或是認不出剛剛才在派對上見過的人，那麼也別擔心，你只是跟很多人一樣，有輕微的臉盲症。但更嚴重的辨識障礙卻可能造成妄想和重度失能。在這方面，情緒辨識和視覺辨識是同樣重要的。腦內有一些區域能讓我們對他人產生情緒聯結，如果這些區域受損，再加上其他不足，就可能導致異常行為。其中一種叫凱卜葛拉斯症候群（Capgras syndrome），以第一個描述這種症狀的法國精神科醫師命名。患有這種症候群的病人會堅稱，周圍親近的人其實都是冒牌貨。病人認得他們的臉孔，但卻堅信他們只是經過高明偽裝的陌生人，任何理性論述都無法說服他們說事情不是這樣。這種症狀出現在精神分裂症、阿茲海默症和其他類病人身上。它有時會引起暴力行為，例如曾有一個男子殺了自己的

行屍走肉

認不出親近的人固然令人困擾，但更慘的是認不出自己。相對於凱卜葛拉斯症候群和佛列哥利症候群，患有科塔爾症候群（Cotard's syndrome）的人，相信自己或身體的一部分已經死亡。科塔爾症候群患者常會忘記進食或盥洗，也可能會堅持要人把自己埋葬了或帶去墓園。2008年，有一位「L太太」被送進醫院，「她抱怨自己已死，聞起來像腐爛的肉，想被帶去停屍房，好讓她跟死人在一起。」

這種情況跟許許多多不同的疾患有關，從躁鬱症和精神分裂症到精神性憂鬱症都有。腦部受損也有可能導致這種情況。例如有一位蘇格蘭男子在一場機車車禍之後，開始相信自己已經在醫院死於敗血症，此時正由他媽媽的靈魂陪伴著，在地獄遊走。（他母親實際上是把他帶到了南非。）

這種案例太過稀少，且與太多的心理疾患相關，因此研究者無法找到這種妄想症的單一原因。然而，腦部掃描結果指出，至少有一些病人視覺控制和情緒性臉孔辨識的神經迴路功能受損。在科塔爾症候群的案例中，辨認能力的喪失似乎延伸到了病人自己身上，造成了可怕的結果。

父親，因為他堅信父親已經被綁架，被一個機器人取代。

佛列哥利症候群（Fregoli syndrome）則恰恰相反。這個症候群是右腦受損造成的，病人的熟悉感會變得過度活躍。他們堅決認為陌生人其實是熟人，只是隱藏在偽裝之下。這種症狀通常會附帶一種偏執的念頭，認為這些熟人都在跟蹤自己、監視自己，並且不斷變換偽裝。（這個症候群的名稱得

「按照你想要的感覺去行動，
你的感覺就會跟你的行動一樣。」

作家葛瑞琴‧魯賓（Gretchen Rubin）

自義大利演員里奧波多‧佛列哥利，他最有名的就是可以在舞台上快速變裝。）

臉部辨識、情感辨識、判斷對方的情緒和人格，是人類社會互動的基本盤。大腦在這些時刻的訊息處理過程，是認知心理學關鍵的一部分。社會心理學家研究會影響這些互動的偏見、態度和文化情境。在這兩種心理學的領域裡，愈來愈多的研究者都轉向用腦造影技術來追蹤一個人和他人互動時腦部被激活的活動區域。

》看著活動中的腦

我們還是可以用腦波儀這種熟悉可靠的心智讀取機來監控腦部活動。腦是一個電化學器官，時時刻刻都有微小的電流形成腦波變化。利用貼在頭皮上的電極，醫生

電極愈多，腦的圖像就愈完整。

可以精確指出正常腦波模式下的變化，甚至可以追蹤那些變化來自腦部的哪個微小區塊。

腦波儀（EEG）記錄顯示的是腦波的變化，而非一個真實的大腦影像。然而，電腦斷層攝影（CT）掃瞄、功能性磁振造影（MRIs）和正子斷層造影術（PET）則能產生腦影像，正子斷層造影術和功能性磁振造影甚至能追蹤正在發生的心智活動。正子斷層造影術追尋腦中帶有放射性葡萄糖的消耗量，這些放射性葡萄糖被注射到病人體內（放射劑量低且無害）。比較活躍的腦部區域吸收

較多的葡萄糖，所以儀器可追蹤發生活動的腦區，顯示出較活躍和較不活躍的區域。

功能性磁振造影（fMRIs）能產生比正子斷層造影術更精密的腦部代謝影像。MRI代表磁振造影，這種技術可以記錄腦細胞在磁場中釋出的訊號。功能性磁振造影可以辨認出血流量較多的區域，也就是有較多腦細胞活動的區域，而且精確度可以達到1公釐左右。使用功能性磁振造影的研究已經辨識出一些與特定功能相關的腦部區域，例如剛才提到的臉孔辨識，或是第一章提到植物人心智圖像。這些腦部掃描所追蹤的是血流量，而非真實神經元之

問問你自己

我的立場是什麼？

你或許沒有說出來，但你應該頗了解和他人比起來，你自己的人格和長處是什麼。試試這個簡單的活動，根據下列的每一個特質來評估你自己。相較於總人口，你的評分落在百分之幾呢？換句話說，你若認為自己的友善程度大約是落在平均值，就把自己評在百分之50。

» 幽默	» 誠實
» 情緒智商	» 誠信
» 情緒穩定度	» 同理心
» 主動程度	» 邏輯推理
» 友善	» 偵測謊言

你的自我評估是否通常都在百分之50以上呢？若是如此，別擔心：你只是跟其他人一樣而已。

間的的訊息傳遞。雖然如此，這些技術已經開啟了一些重要的研究新領域，或許可以找到思想、情緒、行為和大腦之間的連結。

》看見自己

透過這些神經造影儀器，科學家已經初步理解我們自我反思、遊走社會時，腦中究竟發生了什麼。臉孔和情緒的辨識是我們社會角色與人際關係的基礎。我們對自我的認知也是——也就是我們如何評估自己的優缺點、是否有自制力，以及我們與特定群體的關係。

就以基本的自我知覺來說，我們如何看待自己與他人之間的關係呢？研究顯示，大多數人都覺得自己非常棒。被要求用正面或負面的人格形容詞來描述自己時，正常的受試者都明顯地多用正面特質而少用負面特質來形容自己。有一種症候群叫烏比岡湖症候群（Lake Wobegan syndrome，名字得自一個虛構的城市，那裡所有孩子的特質都優於常人）

，具有這種症候群的人對自己的評價總是高於對同儕的評價。此外，人們通常都會認為自己的優點都是自己的功勞，而缺點都是外在力量造成的。如研究者馬克・艾力克（Mark Alicke）所言：「我讓自己變好；宿命讓我變壞。」雖然精準的自我評估對人生有幫助，但對大多數人而言，維持自尊與樂觀似乎比精準來得重要。

腦造影研究已經找出了掌管自我評估的腦區，也就是前額葉皮質這個活動頻繁的區域。它位於腦前葉，就在額頭的正後方，負責處理許多和我們演化程度最高的自我相關的東西——判斷、決策、複雜的思考、解決問題、良知，以及同理心。前額葉皮質也是腦部的執行長，會汲取來自所有感官和內在資源的資訊，包括記憶和情緒依附。它負責調整行為，如果受損，就會在自我控制和社會技能上有造成令人困擾的退化。

當人們注視自己時，前額葉皮質會變得活躍。事實

我們想相信他人總是看見我們最好的一面。

上，自我反映會激活兩個特定腦區，一個在前額葉皮質內側，另一個則在外側。內側前額葉皮質（medial prefrontal cortex，MPC）處理自我反映的實際內容，也就是對自我的想法。腹側前扣帶迴皮質（ventral anterior cingulated cortex，ACC）就在後面，與前額葉皮質相連，負責反映的情緒內容。所以，「我是一個強壯的

我們知道腦的哪一個部分負責自我控制——但需要的時候卻不見得都能激活它。

人」這種想法會被內側前額葉皮質所理解。然而，相對應的情緒（例如驕傲），則是由腹側前扣帶迴皮質提供。

有些研究已經在這種情緒性的自我認知和憂鬱之間發現了某種關聯性。有憂鬱症的人腹側前扣帶迴皮質活動可能比較不活躍，顯示他雖然可以理解自我反映的內容（「我是一個強壯的人」），卻無法感受到這個內容的情緒意義。如果透過腦部深度刺激，讓電流脈衝引發腹側前扣帶迴皮質的活動，那些對標準心理治療沒反應的憂鬱症病人，症狀似乎有所減緩。

》自我調控

過年大吃大喝之後，你正在痛苦地節食。深夜你打開冰箱，看到了最後那片蘋果派。你馬上就會想要把它拿出來吃掉。你飢餓難耐，那甜點的滋味幾乎讓你口水直流——但你還是關上冰箱門走開。

這麼強烈又原始的食慾，你是如何抵抗的？你具有自我調控的能力，它能讓你延遲享樂、控制食慾和衝動、

朝目標持之以恆（見第六章）。這是一種強韌且重要的人格素質，可以讓你在人生中獲得成功。它的不足也同樣不容小覷。家庭暴力、藥物濫用、暴飲暴食與其他疾患都是根源於自我控制失敗的常見社會問題。

腦造影研究顯示，前額葉皮質的活動——特別是將前扣帶迴皮質的活動——與共同促成自我控制的廣泛心智活動有關。這些心智活動包括決策判斷、在眾多選項當中選擇一種適當的行為反應、監控表現、處理衝突、找出錯誤、評估酬賞與懲罰、察覺社會痛苦等等。前扣帶迴皮質的功能障礙跟很多心智疾患有關，包括強迫症（OCD）、自閉症、精神分裂症與妥瑞氏症候群（Tourette＇s syndrome）。有妥瑞氏症候群的人無法控制自己的抽搐、發出的聲音，以及用字。

自我控制不只應用在行為上，也應用在思想上。例如，強迫症最令人痛苦的一個面向就是無法控制自己的想法。創傷後壓力疾患（Post-traumatic stress disorder）、注意力疾患／過動疾患（ADHD）和憂鬱症，也都有不必要的侵入式想法，很難消除。我們壓抑這些想法和壓抑這些行為，用到的腦區是一樣的。例如，在一項針對大學生的研究裡，他們先要求學生選出一個對他而言有意義的思緒（例如「遠距離女友來電」），接著要求他壓抑這個想法、清除心中所有想法，或是隨意亂

「我不是因為快樂而唱歌，
我是因為唱歌而快樂。」

心理學家威廉‧詹姆斯

想。功能性磁振造影掃描顯示，當學生試圖壓抑單一想法時，前扣帶迴皮質會變得活躍。當他試著清除心中所有想法時，腦中的許多區域，包括前扣帶迴皮質，都會變得活躍。

情緒控制的功能似乎也位於前額葉皮質。當我們想著自己或他人的情緒狀態，或是看悲傷的電影或恐怖照片時，前扣帶迴皮質和相關腦區會參與其中，包括杏仁核（amygdala，負責處理害怕之類的情緒）。研究人員發現，人可以藉由重新評估這些情緒來有意識性地改變情緒反應。舉例來說，當受試者看到一張可怕的照片，過了一開始的驚嚇反應之後，他就可以重新思考，然後刻意將自己抽離其中的情緒。

當他這麼做時，前扣帶迴皮質的控制中心會變得比較活躍，而杏仁核的活動則會降低，減輕害怕程度。

無法調控情緒是很多疾患的一部分，包括憂鬱症和焦慮症，還有憤怒和暴力行為等。醫生希望腦部研究和重新評估之類的技術，可以為這些嚴重的問題帶來更好的療法。一個頗為驚人的事實是，我們居然可以單純透過思考來改變腦中的化學作用，這對廣義的心理學而言有著重大的意義。

朋友？　　　　　　　　　　還是敵人？

人類心智常會把社會分成「我們」和「他們」。

≫群體內和群體外

我們已經知道,辨認他人的能力深植於腦中。特別是在早期人類的歷史中,辨別敵友、陌生人與鄰居,是一項至關重要的生存技能。腦部會把相當多的資源用來了解他人和自己的關係。我身邊這些人是誰?他們跟我有無關係?他們出現在我生命中,我該擔心嗎?我該高興他們在這裡嗎?與另一個人見面時,我們會想要快速知道兩個問題的答案。第一個是:「他是朋友還是敵人?」第二個是:「他的目標和我一致嗎?他要的跟我一樣嗎?」

不論你喜不喜歡,這種處理過程會讓心智迅速而清楚地分辨出「我們」和「他們」。快速區分「自己人」和「外人」,以及伴隨而來的不理性偏見,可能都是人性不可避免的一部分。把人分成不同的社會群體,可以讓我們簡化社會環境,並讓我們對特定團體與新人的既有知識普遍化。我們可以本能地辨認出自己所在的群體(我們)和非自己所在的群體(他們)。研究發現,這種群體關係會改變我們腦部的連結方式。因此,腦部處理訊息時,會傾向於偏袒群體內的人(我們)、懲罰群體外的人(他們)。你若發現自己會根據短暫的印象來迅速評判他人,那麼你可以想到,這種行為有它古老的根源——但你也可以有意識地察覺並克服它。

說到偏見和歧視，立刻浮上心頭的都是使用視覺線索的明顯例子：基於膚色的種族偏見，或基於服裝的宗教歧視。然而，對自己人的偏愛卻遠遠止不只取決於外觀條件。此外，它幾乎是可以立即形成的。光是把人分組，就可以引發這種反應。

研究者用英國的男童來測試。學童被集合起來進行一項無意義的作業：估計螢幕上圓點的數量。接著再假裝根據他們的表現，隨機將他們分組。每一組的人都被要求給予自己這組或其他組別的人一些可以換取少量獎金的點數。非常明顯，大家都

青少年期被接納和被排擠的經驗是真的會顯現在腦部神經活動中。

偏愛自己的組員，給他們的獎金多得多，雖然分組方式根本是隨機的。

這種傾向是我們腦中天生就有的嗎？有些研究顯示是如此。根據社會環境的不同，這種基本的群體內外之分幾乎各種人群都適用。它基本上並不是跟種族或外貌有關。例如，有一個研究把一些白人受試者隨機分配到幾個種族混合的群體中，讓受試者短暫認識新群體裡的成員，然後讓他們看群體內和群體外成員的臉孔，一邊進行功能磁共振造影掃描。結果顯示，相較於團體外成員的臉孔，受試者看見自己這個混合族群的新團體內的成員時，有較強烈的杏仁核活動反應。換句話說，受試者對群體內的成員有較強的情緒反應。這種偏愛群體內成員的神經活動，發生在分組後的短短幾分鐘之內。

焦點

憤怒的陌生人

一項又一項的研究顯示，我們比較會辨認與自己相同種族的人——也就是那糟糕的「我覺得他們看起來都一樣」症候群。心理學家約書亞·阿克曼（Joshua Ackerman）和同事真的用這句話做為他們文章的標題：〈我覺得他們看起來都一樣（除非他們生氣）。〉在他們的研究中，他們讓白人學生快速瀏覽白人和非裔美國人的臉孔。接著他們要求白人學生辨認先前看過的臉孔。當臉孔的表情是中性時，結果不出所料：白人學生辨認白人臉孔的準確度高於辨認非裔美國人的臉孔。但當臉上的表情是憤怒時，白人學生辨識白人臉孔和非裔美國人臉孔，準確度就一樣了。

從演化的角度來看，這是合理的。區分自己群體和其他群體，以及從自己群體成員的表情中讀出社會與地位的線索，對早期人類來說是有利的。但如果表情是憤怒時，其他動機就會參入其中。憤怒的陌生人代表著相當大的威脅，也就是說，若能記住一張憤怒而陌生的臉，就能提高存活的機會。

焦點

加油！
加油！
為主隊加油！

群體敵對關係最明顯、最吵鬧也最狂熱的例子莫過於體育活動。粉絲會積極嘲笑對方的隊伍和球迷，並在他們遭遇失誤時大聲歡呼。這種缺乏同理心的行為——事實上根本就是明目張膽的攻擊行為——會腦中顯示出來。在一項研究中，波士頓紅襪隊和紐約洋基隊的狂熱球迷被接上功能性核磁共振造影儀，然後看著他們痛恨的對手贏球或輸球。當對方輸球時，他們腦中與快感相關的區域就會變得活躍，就算是輸給其他隊伍也沒關係（例如巴爾的摩金鶯隊）。

這種跟運動有關的幸災樂禍並不限於隊員本身。足球球迷在看見對手的球迷遭受痛苦的電擊時，腦部的酬賞控制中心會變得活躍。這些與愉悅相關的腦區活動愈大，球迷就愈有可能回報說自己想傷害對方球迷，也愈不願意分擔對方球迷的痛苦。

愛和其他情緒

立即而強烈的厭惡是一回事，但說到長久愛情的本質和歷程，心理學家卻少有共識。很多人相信愛情會隨著時間消退。其他人則認為愛情會由熱烈的吸引力演變成友情和陪伴。佛洛伊德堅信任何長久的激情都是一種病態。但是，永恆愛情的擁護者已經在神經研究中發現了一些支持的證據。在一個研究裡，長久愛著丈夫的女性受試者看了配偶和其他三個熟識程度不同的人的照片。她們只有在看見丈夫的照片時，許多腦區才會出現活動，其中包括和愉悅、「喜歡」與早期浪漫愛情有關且能分泌大量多巴胺的酬賞區域、我們熟悉的前扣帶迴皮質，以及和母親依附關係有關的區塊。比起剛開始談戀愛的人，老夫老妻對所愛之人有更大範圍的腦部反應。其他研究則顯示，伴侶的出現不只是帶來愉悅，也較能使人平靜，因為這些相關腦區的活動有助調節焦慮和痛苦。

很多人都有過看著伴侶受苦的不愉快經驗。神經研究顯示，當你覺得彷彿感受到對方的痛苦時，這種感覺也是真實的。在一個研究中，研究者將電極分別安裝在受試者和實驗陪伴者（陌生人

愛情究竟是什麼，神經科學家仍然沒有共識。

或好朋友）的腳踝上。研究者讓受試者看一系列圖像，同時要求受試者握著陪伴者的手。有些圖像顯示受試者可能會受到輕微電擊，有些圖像則顯示陪伴者可能會受到一樣的輕微電擊。透過功能性磁振造影，研究者比較了以受試者自己為主的威脅（例如「我即將要被電擊」）和以陪伴者為主的威脅。結果顯示：腦中對於自己受到威脅時會起反應的區域，

在朋友受到威脅時也會有反應，但若是陌生人受到威脅就不會有。人類社會依附的一項顯著特徵，可能就是對自我和對他人的神經表徵的重疊程度。簡單來說，我在情感上和你愈親密，我的腦就愈會覺得你遭受的威脅就是我遭受的威脅。

》左腦和右腦的情緒

在我們對社會的反應中，情緒扮演著重要角色，但情

緒究竟是什麼、源自何處，卻是個人們爭論已久的議題。威廉·詹姆斯是現代心理學的創始人之一，他認為情緒源自身體，然後才傳達到腦部。「我們覺得遺憾是因為我們哭了，」他寫道，「覺得憤怒是因為我們攻擊，覺得害怕是因為我們顫抖。」

其他人則不同意詹姆斯的論點。1920年代的生理學家沃爾特·布拉德福德·坎農

是腦還是身體？研究心智時常會遇到先有雞還是先有蛋的情況。

（Walter Bradford Cannon）認為，詹姆斯的理論太輕忽了腦部。在他認為，腦和身體會同時對刺激起反應。憤怒的狗對著我們狂吠，這個訊號傳到交感神經系統增加我們的心跳頻率，同時也傳到腦部皮質區，讓它對威脅作反應，使我們感到害怕。

到了1960年代，認知科學也加入了這場論戰。研究腦部訊息處理的科學家提出了

「情緒二因論」（two-factor theory of emotion）。根據這個情境，當我們遇到憤怒的狗時，我們的身體會起反應（心跳加快），接著我們的腦部便會解釋這個生理反應，認出這是害怕的訊號。這時我們才會有意識地感覺到害怕。

現代研究者備有腦部掃描的高科技設備，他們希望透過觀察受試者在產生情緒

時，腦部發生了什麼活動，或這些活動發生在腦部的哪些區域，來解決先有雞還是先有蛋（或是先有狗還是先有腦）的難題。目前的證據似乎同時支持詹姆斯的「生理優先」理論和情緒二因論。當人看見快速閃過、下意識的圖像時，會對那些圖像有情緒性反應，但卻沒有察覺圖像的內容——這就是生理優先理論。然而，如果先給受試者注射腎上腺素，擾動他的生理系統，然後又告訴他這個藥物會挑起他們的情緒，那麼相較於於那些沒有被告知藥物作用的受試者，知道腎上腺素會引發情緒的受試者會比較不情緒化。受試者的腦已經將藥物引發的生理變化解釋為不重要，以此調節了情緒反應。

有些感覺似乎能直接經由耳朵或眼睛傳到視丘和杏仁核，產生立即性的情緒反應。然而，杏仁核通常會把它的反應傳到具有執行功能的前額葉皮質，在此評估情況並調節情緒反應。前額葉皮質的不同部位跟不同的情

「我讓自己變好，
命運則讓我變壞。」

研究者馬克・艾力克(Mark Alicke)

緒有關，而且有明顯的左右腦差異。在1960年代的一些實驗中，研究者把阿米妥（Amytal，一種巴比妥類藥物）注入受試者的頸內動脈，暫時抑制了單側半腦的活動。當左半腦被抑制而僅有右半腦在活動時，受試者會感到憂鬱。當右半腦被抑制而僅有左半腦活動時，受試者會感到愉快。

其他研究也支持了左右半腦之間有差異。左前額葉皮質有損傷的人較容易感到憂鬱。腦部掃描結果顯示，左前額葉皮質較活躍的人可能比其他人開心、有好奇心、充滿希望。右半腦較活躍的人則較容易有焦慮感和情緒疾患。左半腦對愉悅感有強烈的反應。就算是才出生兩天的嬰兒，在他的舌頭上放少許糖，他的左前額葉皮質也會顯示較多的活動。成年人看

到精緻的甜點時，同樣的腦區也會活躍起來。

情緒表現在臉部和行為上，而人類心智對於這些生理指標十分敏感。臉部表情尤其是全球共通的語言，在每一種文化裡傳達的情緒都是一樣的。在一個著名的研

究中，研究者將臉孔的照片呈現給不同文化的人看，其中包括一位新幾內亞的受試者。新幾內亞的文化也和其他所有文化一樣，可以辨認出六種標準情緒：快樂、悲傷、憤怒、害怕、噁心和驚訝。後來，這張清單又增列了鄙視、尷尬和羞愧。

我們的表情是不由自主的，但也可以根據社會情況調整。有一項研究比較了奧運柔道選手在比賽結束當下的臉部表情以及他們在登上領獎台時的表情。在比賽結束當下，14位金牌選手中有13位表現出心理學家所謂的「杜鄉的微笑」——也就是真心的微笑（名稱源自紀堯姆・杜鄉醫師），不僅嘴角上揚，臉頰肌肉也會整個牽動。得到銀牌的選手統統沒有微笑，雖然有些流露出悲傷或鄙視。在領獎台上，金牌得主全都是真心

的微笑，而銀牌得主也有幾個人拿出了笑臉——有些是真的，有些很勉強，有些則混合了微笑和悲傷。另一方面，銅牌得主似乎比銀牌得主開心得多，有比較多人露出真心的笑容。人知道自己擠上了頒獎台，似乎比認為知道自己錯失金牌要開心。

不只情緒會引發臉部表情，臉部表情也會引起情緒。研究者發現，當人做出不同的表情時——例如皺眉或咧嘴微笑，他們是真的會在某種程度上感受到這些情緒，而這也支持了威廉·詹姆斯的理論：「我們覺得難過是因為我們哭了」。光是咬著一支筆把嘴巴撐成微笑狀，就能讓卡通看起來更好笑。深鎖眉頭會讓悲傷的電影看起來更加悲傷。這些效果不是很明顯，不會超越其他的情緒來源，但這確實證明了身體和心靈之間有一套複雜的回饋系統相連。

改變你的心智

從波士頓到北京，腦部本質上都是一樣的，同樣那些腦區也同樣專門處理語言、記憶、動作、視覺，和其他各種功能。從前認為沒有什麼可以影響腦中幾十億個神經元的既定分布。此外，腦部損傷也曾被認為是無法回復的。和其他某些細胞不一樣的是，受損或切斷的神經元細胞通常不會再重新生長。但時至今

有時候，一個表情就勝過千言萬語。

日，我們已經清楚知道，腦部比我們從前認為的還要更有可塑性。它不僅可以對損傷起反應，並在某種程度上復原，還可以光靠經驗和目的來改變。而塑造腦部，就是塑造心智。

在很多個案裡，腦部可以讓一個區塊學習新的技能，以彌補另一區塊的損傷。中風病人常能恢復一部分喪失的能力，因為其他腦區會彌補受損的腦區。盲人學習布點字法時，控制手指的動作能力會延伸到視覺區塊。這種可塑性在孩童發展中的腦部尤其明顯。兒童若是為了預防癲癇而進行了大腦半球切除術（移除一側腦半球），那麼剩下的那個腦半球就會取而代之，讓他得以保留或恢復許多的技能與人格特質。

2014年，中國的醫生報告了一個不尋常的個案，有位24歲的女性來到醫院，說她有身體平衡的問題。這沒什麼好訝異的，因為腦部掃描結果顯示，這位女性天生就沒有小腦。小腦是神經元密集的重要腦區，負責協調動作。她說她七歲學會走路，且在大約六歲之前都還口齒不清（小腦也與部分言語表達有關）。不到八年時間，她僅有的腦部就已經接管了小腦的複雜功能，讓這位女性可以擁有正常生活，進而結婚生子。

這麼戲劇化的腦部功能補償個案非常罕見，但經驗影響腦部和心智的方式多得數不清。相較於非專業音樂家，專業音樂家有較大的大腦皮質灰質區專門控制運動、處理聽覺和視覺空間訊息。另一個研究則發現，相較於不冥想的人，每天至少冥想40分鐘的西方人有較厚的大腦皮質區專門處理感覺、認知和情緒。

雖然人生來就有特定的人格特質和生活方式，但這些也可以透過有意識的冥想來調整。接受過八個星期正念訓練的人左半腦有較多的活動，因此能減少整體的焦慮感。練習靜坐冥想的人（見第八章，第251頁）在與同情心有關的心智迴路中有較

試試看

放鬆臉部和心智

許多冥想技巧都是要人專注放鬆特定肌肉群，直到整個身體都放鬆。有研究發現，腦部會對身體的壓力起反應，證明了身體較平靜，心智也會比較平靜。

這個短短的活動可以讓你嘗試這些技巧。每一個步驟之間都要靜止幾秒鐘，若感到任何不適就要停止。

» 找一個寧靜的地方坐下或躺下。
» 深深吸一口氣然後吐出。
» 高高揚起眉毛，維持十秒鐘再放下。
» 把眼睛緊緊閉上，五秒鐘後再鬆開。
» 把嘴唇開成大大的微笑，維持五秒鐘後鬆開。
» 慢慢把頭往後仰，看著天花板。維持五秒鐘後復原。

多的活動。如果你對自己的腦部運作方式不滿意，你其實有很多方法可以重新引導它，並且真的改變它的狀態。

》治療和腦部

我們可以透過重複學習和冥想來改變我們的腦。我們也可以用治療法來改變它。認知行為治療法（cognitive behavior therapy，CBT）是一種廣泛運用的標靶治療法，用來處理情緒和行為問題。治療者一直很想知道它在腦中是否有真正的效果。目前為止，答案似乎是肯定的。

舉例而言，腦部皮質區能對壓力作出反應。在一個研

腦中的900億個神經元創造出複雜的連結網絡。

究中，接受過兩天認知行為治療法的人——包括認知重建（將沒有幫助的思考模式改變成較有幫助的模式）、問題解決、自我指導和肌肉放鬆——在之後的壓力測驗中，腦部反應都明顯比較平靜。這個治療效果在四個月之後仍然存在。

對恐懼症的暴露治療法是另一種認知行為治療法，也能引起腦部的改變。這種治療法是漸進式地讓恐懼症患者暴露在他所恐懼的事物中，讓它愈來愈近，且愈來愈真實。恐懼症患者會逐漸知道，令他害怕的事物是無害的，而他們感受到的壓力

在認知行為治療法中，人會回顧想法、動作和感覺。

和打或逃反應也會逐漸消失。最常見的蜘蛛恐懼症已能用這種方式治療成功，而研究者也追蹤了一組受試者，看看他們在這個過程中腦部發生了什麼變化。

在治療之前，蜘蛛恐懼症患者在看到蜘蛛時，腦部顯示大範圍的反應活動，其中包括前額葉皮質。這表示患者需要透過自我調節的方式來減低他們的恐懼。經過了認知行為治療後，前額葉皮質的異常活動已經消除。這種治療法大幅減少了受試者的恐懼，以至於大腦不需再多介入。經過四星期的心智活動練習，腦部的網絡已經重新連結。

關於腦部和它與心智行為之間的聯繫，仍有許多問題尚未解答。研究這些問題的人樂觀地認為，這些答案不僅可以擴充我們既有的知識庫，也能讓心理學家直接將治療法與腦部連結，讓人從那些令人痛苦的想法和行為中獲得解脫。

第三章

我們如何成長

1992年，亞歷桑那大學心理學家凱倫 韋恩（Karen Wynn）對一群
非常年輕的受試者——五個月的大嬰兒——做了一個巧妙的實驗。
在一個算術活動裡，她安排嬰兒坐在展示區前，展示區裡擺著一件物

品。接著，用布幕遮住物品之後，一個實驗者帶著第二個物品出現，清楚地把它擺在布幕後，再將布幕拉走。之後出現兩種情境：（1）可預期的情境——出現兩個物品，或是（2）令人驚訝的情境——僅有一個物品出現。嬰兒對驚訝情境的注視時間較久。對於另一種減法的實驗情境，嬰兒也有同樣的反應。實驗者先對嬰兒展示兩個物品，然後用布幕遮住，讓嬰兒看著實驗者將其中一個物品移出布幕後，接著再把布幕拿開。如果還是

出現兩個物品，嬰兒的注視時間也會比較長。由於知道嬰兒對不預期出現的事件注視的時間較預期事件久，因此實驗者只能得到這個結論：小觀眾已經有基本的算術能力。一加一等於二，二減一等於一，當情況不是這樣時，小嬰兒就會感到驚訝。

韋恩寫道：「這顯示嬰兒具有真正的數字概念，而且暗示著人類先天就有算術能力。」打從一開始，心理學領域就充斥著「先天對後天」的爭論，而這個實驗又

引發了更多的爭端。

白板論

我們不只可以經由腦部掃描或演化研究來看人類行為的生物基礎，也可以透過每個孩子的成長來看。心理學家發現，人類不是只有在兒童時期會歷經可預測的心理發展階段，在成人時期也是如此。並不是每個人都承認這件事。在大半個20世紀，人類發展的白板論支持者是這個領域的主流。行為心理學家尤其相信，環境幾乎塑造了所有的

過去很多心理學家和哲學家都認為，人生來就如同「一張白紙」，不具備任何先天的特質或能力。

人類發展。制約反射和學習而來的反應決定了我們的行為、技能和命運。

最先擁護此觀點的是心理學家約翰・華生（John B. Watson）。華生是行為研究的先驅，也是堅定不移的白板論者。他曾寫道：「只要給我一打健康的嬰兒，還有一個特別為我打造的養育環境，我都保證可以把其中的任何一個訓練成任何類型的專家——醫生、律師、企業家，還有，沒錯……連乞丐或小偷都行，不論他們的天資、嗜好、傾向、能力、志向、祖先的種族是什麼。」

1919和1920年在約翰霍普金斯大學擔任教授期間，華生和同事羅莎莉　雷納（Rosalie Rayner）對一個11個月大的嬰兒做了一個有名——實際上是惡名昭彰——的實驗。研究中，這個嬰兒被稱為亞伯特（也就是現在大家熟知的小亞伯特）。華生相信很多情緒反應是制約

「所謂教育，
就是遺忘所學之後存留下來的東西。」

心理學家史金納（B.F. Skinner）

學習的結果。他寫道：「在嬰兒期，原本的情緒反應模式很少，目前只有觀察到害怕、憤怒和愛。」為了證明特定的害怕是可以經由學習得來的，研究者在平靜的小亞伯特面前展示一隻白老鼠、一隻兔子、一隻狗、有毛髮的面具，和其他毛茸茸的東西。接著他們開始教小亞伯特畏懼老鼠。每當老鼠出現在小亞伯特面前時，研究者就會在嬰兒腦袋後面大聲敲擊鐵棒來嚇他。沒多久，光是看到老鼠就足以嚇到小亞伯特。他很快就把這種害怕類化到其他動物，如兔子和狗，甚至是動物面具，但不會類化到其他物品，如毛線球。

現在已經不能再做這種不人道的實驗。但華生當年也不是故意要這麼殘酷。他主要是想反駁佛洛伊德認為恐懼症源自童年時期性衝突的那些理論。他認為情緒失調必須追溯到「嬰兒期和幼年期因為制約或轉移所建立的反應。」

》制約和學習而來的生活

小亞伯特透過制約學會害怕毛茸茸的動物。自伊凡·巴夫洛夫（Ivan Pavlov）和他流口水的狗實驗以來，這個原則始終是心理學的一部份。華生用一個不幸的孩子證明了它的效果。史金納則讓這個原則以及行為學家的研究取向變得有名。

史金納是1930到1970年代實驗心理學的大人物，最有名的就是他提出的操作制約理論。在古典制約中，一隻動物或一個人能讓一個刺激（例如鈴聲）和另一個刺激

實驗者用白老鼠顯示制約反應如何發展。

（例如食物）產生聯結。一隻動物原本的非制約反應是天然且自發的——例如在吃東西時流口水。但如果有個鈴鐺總是在食物出現前響起，那麼時間一久，動物就會對刺激發展出制約反應，也就是在鈴鐺發出聲音時流口水。

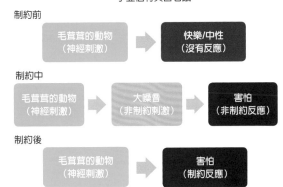

古典制約如何運作
小亞伯特與白老鼠

制約前

| 毛茸茸的動物（神經刺激） | ➡ | 快樂/中性（沒有反應） |

制約中

| 毛茸茸的動物（神經刺激） | ➡ | 大噪音（非制約刺激） | ➡ | 害怕（非制約反應） |

制約後

| 毛茸茸的動物（神經刺激） | ➡ | 害怕（制約反應） |

史金納（B.F. Skinner）

伯爾赫斯‧弗雷德瑞克‧史金納於1904年在賓州的蘇斯奎哈納小鎮出生。他原本夢想成為一位小說家，但由於對人類行為了解不夠透徹，因此轉而研究心理學來彌補自己的不足。

取得哈佛大學博士學位時，史金納已經設計製造了著名的動物訓練操作制約箱。在其他幾所大學任職一段時間後，他成為哈佛大學教職人員，接著成為引領心理學領域的傑出心理學家。

四十幾歲時，史金納結合了他最早的志向和後來的職業，寫了一本小說，描述一個透過行為主義原則建立的烏托邦國度。《桃源二村》（Walden Two）這本書裡所描述的反專制社會，是許多真實烏托邦實驗的靈感來源。

史金納於1990年死於白血病，在心理學領域留下了不少爭議，但對於動物和人類如何學習成長，他無疑也有重大的貢獻。

操作制約把這個概念進一步帶到了主動習得的行為。在操作制約中，一個生物要學習將它的行為與酬賞或懲罰建立聯結關係。隨著時間過去，酬賞行為會增加而懲罰行為會減少。換句話說，酬賞行為被增強了。動物已學會在具有酬賞或懲罰的環境中達到目標。一隻在操作制約箱裡壓桿而後獲得食物的老鼠已經成為現今操作制約最具代表性的例子。操作制約箱的發明者正是史金納，因此它又叫史金納制約箱。

史金納不只用老鼠做實驗，也用其他動物，其中最有名的就是鴿子實驗。他用操作制約箱來教一隻鴿子以啄琴鍵的方式彈鋼琴。在第二次世界大戰時，他甚至發展出由鴿子引導的飛彈系統（可惜從未被使用過）。在他的觀點裡，所有的動物都是一樣的，而人類也只是另一隻鴿子，所有的行為都是透過相同的方式來強化。史金納認為，將行為歸因於內在想法和人類天性是「過時的科學」。他說：「思考就是行為。錯是錯在把行為歸因於心智。」

史金納的行為主義取向具有重大影響。今日，操作制約的原則被應用在各種情境下的實際問題上，從學校到監獄。用來治療恐懼症的制約治療法十分成功（見第二章，第72頁）。然而，和多數過於大膽的理論一樣，隨著時間過去，進一步的研究又修正或反駁了很多史金納的主張。一是我們對於內建的行為和動機已經累積了大量的證據。迷宮中的老鼠可能會為了酬賞而在迷宮中探索搜尋，但即使沒有酬賞，牠們也還是會有探索搜尋的

42分鐘大的新生兒就能模仿臉部表情。

心理學家史金納為他女兒打造了一張有玻璃罩的空氣床。

行為，且似乎能自己建構出心智地圖。二是包括人類在內的所有動物都對某些行為有生物傾向，對其他行為卻沒有。你可以訓練一隻鴿子按照順序啄食來獲得食物，因為啄取食物對鴿子來說是一個正常的行為。然而，不管你拿出多少獎賞，都無法保證你能成功訓練一隻鴿子拍動翅膀來獲得食物。因為這對鴿子來說就是不自然。

研究嬰兒和孩童的心理學家並不否認人類會為了因應環境而學習發展，但他們也開始從嚴格的行為主義轉回內建能力和發展階段。這場運動中有兩位關鍵的思想家：尚・皮亞傑（Jean Piaget）和諾姆 喬姆斯基（Noam Chomsky）。

發展階段

瑞士心理學家尚 皮亞傑與史金納是同時代的研究者，但他對童年發展的理解非常不一樣。皮亞傑受到自己家中的嬰兒和孩童啟發，開始進行研究，結果發現所有孩童都會經歷內在的發展階段。每個階段都代表他們對環境的理解已經進入新的層次。皮亞傑寫道：「孩子會積極思考，不斷想要去建構更先進的世界觀。」皮亞傑主張，孩子的學習過程有兩個階段。第一個階段是同化：以我們所了解的世界來解釋新的經驗。第二

個階段是適應：改變或擴展我們的世界觀來調節整合新的訊息。

皮亞傑相信，所有的孩童成長時都會與世界互動，經歷四個發展階段。它們分別是：

· **感覺動作期**，從出生到兩歲之前。在嬰兒期，孩子沒有過去或未來的概念，純粹用生理反應來認識世界。他透過摸、看、嚐和聽來學習。在這個階段，嬰兒對陌生人會發展出焦慮感，被不認識的人抱起時會覺得不舒服。他們也學到了物體恆存的概念。對大部分小嬰兒來說，一個藏在衣服底下的響鼓是不存在的。但六到八個月之後，這就會改變。孩子會察覺並記得這個隱藏物件的位置，然後掀開衣服讓玩具出現。

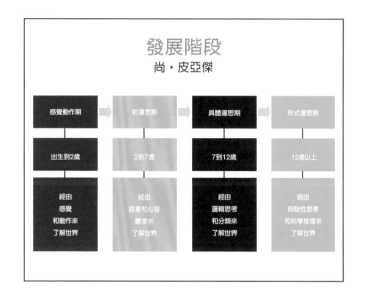

發展階段
尚·皮亞傑

感覺動作期	前運思期	具體運思期	形式運思期
出生到2歲	2到7歲	7到12歲	12歲以上
經由感覺和動作來了解世界	經由語言和心智圖像來了解世界	經由邏輯思考和分類來了解世界	經由假設性思考和科學推理來了解世界

· **前運思期**，從兩歲到六、七歲。這時候的孩子正學習透過語言和圖像在腦中表徵世界。在這個階段，他們會以自然地以自我為中心，不太會去理解他人的心思。他們思考是直接的，但並不理性。舉例來說，前運思期的孩子不太能掌握容量的概念。他會認為一個高瘦的玻璃杯能比矮胖的玻璃杯裝更多牛奶。

· **具體運思期**，從六、七歲到12歲。根據皮亞傑的說法，這階段的孩子會開始了解數學概念並會使用符號。真正的抽象推理還是有困難，但他們已經可以理解物

「**孩子的成長給了我們**
最好的機會來研究知識的發展。」

心理學家尚·皮亞傑

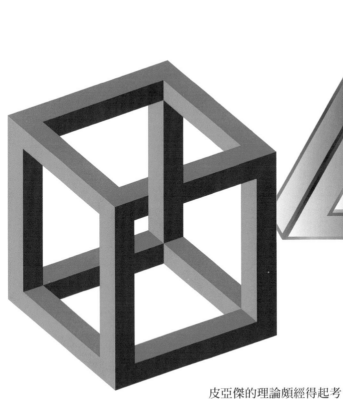

嬰兒看見這些令人混淆的圖像會感到困惑。

質的保存，以及如何將東西整理分類。

· 形式運思期，12歲之後。這個階段的孩子步入青少年期，已能抽象思考、理解假設性情境。他們可以解開謎題、設計實驗。

皮亞傑的理論頗經得起考驗。他描述的發展階段已在大多數的嬰兒和孩童的研究中獲得驗證。然而，當代心理學家認為，發展的階段通常是流暢自然的，並不是說到了哪個年紀就一定會進入哪個階段。不是所有的孩子都會循著皮亞傑的模式前進，就像有些嬰兒可能還不會爬就已經會走。邏輯思考可能也不如皮亞傑所想的那麼重要，更重要的反而是社會意識的發展。

嬰兒知道些什麼？

嬰兒心智的新研究發現，嬰兒知道的比皮亞傑所想的還多。當然，嬰兒不會說

「要拿起一本書唸給孩子聽，你永遠不會太老、太怪、太瘋狂。」

作家與動畫家蘇斯博士（Dr. Seuss）

話，無法告訴你他們在想什麼。因此研究者用「注視時間」來測量他們的興趣、無聊或驚訝。跟成人一樣，嬰兒會對不令人吃驚的場景感到無聊，並轉看其他地方。意料之外的場景會吸引他們的注意力，因此他們會花比較多時間注視它。這個簡單的方法讓科學家認為嬰兒對數學有感覺，如同本章開頭所描述的那樣。它也被用來挑戰皮亞傑認為嬰兒要到六個月大才會知道物體恆存的想法。有些嬰兒還非常小就會短暫地在物體被藏起來的地方尋找那消失的東西。

四個月大的嬰兒也會對「不可能」形成的物體圖片注視較長時間，例如艾雪畫派的方塊，顯示他們和成人一樣會對物體圖片感到驚訝並試著了解它。嬰兒也有早期複雜情緒化的覺察。在九個月內，他們可以將開心的表情和開心的音調建立連結（當表情和聲音的情緒表現不相配時會顯露驚訝。）

事實上，嬰兒有某些與生俱來的能力。他們生來就可以吸吮、抓握和聚焦在8至12吋距離內的物體，這通常是嬰兒與母親的臉之間的距離。他們可以分辨人類和非人類的臉孔和聲音。他們從生下來就傾向往母親的臉、聲音和氣味的方向轉。剛出生42分鐘的嬰兒就能模仿臉部表情。一個月大的嬰兒看到別人伸出舌頭時，他通常也會跟著伸出舌頭。

社會覺察是孩童發展很重要的一部分，這點已經愈來愈清楚。這個領域中最耐人尋味的一些研究是跟「心智理論」有關。在皮亞傑的前運思期，大約是學齡前那幾年，兒童會開始了解其他人也有自己的心智，而且對事物也有不同看法。這種理解一般發生在三歲半到四歲半左右。在到達這個階段以前，兒童會認為自己知道什麼，其他人也會知道。讓他看一盒外頭標示為蠟筆的盒子，接著打開發現裡面裝的是鉛筆，他會感到驚訝。若問他：另一個還沒看過內容物的小孩會覺得盒子裡是什麼？他會回答：「鉛筆。」

試試看

球在哪裡？

你身邊有三歲或四歲的孩子嗎？用這個經典實驗試試看他們對他人的心智狀態有多了解。你需要：

> 兩個娃娃或布偶。
> 兩個不同顏色的箱子。
> 一顆球。

讓孩子看著第一個娃娃（莎莉）把球藏在第一個箱子裡，然後離開現場。接著，第二個娃娃（安妮）把球從第一個箱子裡拿出來，藏進第二個箱子裡。然後莎莉回到現場。問孩子：「莎莉會去哪裡找球？」

無法推測他人心智狀態的孩子會回答：莎莉會在第二個箱子找球──因為他們知道球在第二個箱子裡。對他人心智狀態有較複雜理解的孩子會說，莎莉會在第一個箱子裡找球。他們理解莎莉有她自己的立場和知識，與他們自己不同。

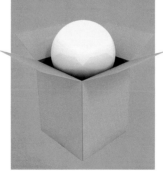

他還不了解，其他人可能會有錯誤的想法。

自閉症的孩童經常在這種實驗中遇到困難。精神性盲或無法想像其他人的心智狀態，是自閉譜系疾患的特徵。患有自閉症的人很難了解臉部表情或對他人產生同理心，而這可能有一個生物基礎。自閉症患者的腦部功能研究顯示，患者有一些腦區之間的溝通聯絡受損，這些腦區通常是人類試著理解他人觀點時會活躍的腦區。這些損傷支持了一個想法，那就是用來同理他人的基本社交技能是腦中生來就有的，一般到了四歲就會浮現。這些證據也暗示，心智能力在腦中是分成不同模組各自發展的。一個無法解讀臉部表情的自閉症孩子，仍然可以有正常甚至優異的數學或科學技能。

》依附

兒童的情緒成長也會在前

對父母的依附和分離焦慮會在早期幼兒階段達到巔峰。

運思期進行，儘管父母親的教養方式在這個階段有很大的影響。我們已經發現，新生兒會開始適應媽媽的聲音或氣味。嬰兒對身邊人的表情、情緒和反應有很高的興趣。出生的第一年裡，他們會愈來愈依附父母，這種聯繫會在13個月左右達到巔峰。在這個階段，嬰兒會抗拒讓陌生人抱、嚎啕大哭，就算這人幾星期前才抱過他也一樣。

嬰兒天生就需要撫觸與肢體上的安慰。1950年代，威斯康辛大學心理學家哈利·哈洛（Harry Harlow）做了個實驗，將新生的猴子跟人造的猴子「媽媽」放在一起，以一種戲劇化的方式呈現了這種需求。新生猴子有兩種人造媽媽，一是冰冷的金屬線圈筒，裡面有個奶瓶，另一個則是軟軟的布偶。新生猴子對溫暖柔軟的人造

媽媽有明顯的偏好。牠們會緊緊抱著布偶，想吃東西時才把頭伸到鐵線媽媽旁邊吃奶。跟人類嬰兒一樣，牠們也會把柔軟的人造媽媽當成一個安全的基地，偶爾離開探索週遭環境，然後回到媽媽身邊獲得安全感。

比起由猴媽媽親養的小猴，人造媽媽扶養的小猴比較沒有安全感，也比較容易受驚。人類兒童也會受到父母教養方式的影響。較為敏銳、較有責任感的父母會持續注意他們的孩子並滿足他們的需求，這些孩子長大後通常會比較有安全感、成功

且獨立。然而，即使是早期曾經遭受剝奪的嬰兒，若能及早彌補，也可以恢復得很好。生於問題家庭的嬰兒若能在16個月大之前被領養，也能恢復得很好。

語言的成長

每一位家長都知道，幼兒學習語言的速度之快，根本如同奇蹟。是否每個孩子學習語言都是從零開始，是一個古老的問題，也是了解生物基礎如何影響發展的關鍵。幾千年來，有科學頭腦的人都對這個謎團感到好奇。希臘史學家希羅多德（Herodotus）告訴我們，埃及法老王普薩堤克一世（Psamtik I）為了找出人類的原始語言，把兩個嬰兒交給一位牧羊人撫養，且規定他不能使用語言。據說呢，其中一個嬰兒說出的第一個字是「bekos」，也就是弗里吉拉語中的麵包。因此普薩堤克斷定，弗里吉拉語應是世界上的第一種語言。

我們應該可以排除弗里吉拉語是一種原始人類語言（或原創語言）的說法。但我們現在已經知道，說話能力確實是共通且與生俱來的人類特徵。到了四個月大，嬰兒就可以把語言和唇部動作配對。十個月大時，他們咿咿呀呀發出的聲音就已經跟父母的母語聲音相似。從一到三歲，語言能力以驚人的速度成長，從單一的感嘆詞擴充成複雜的句子。到了七歲，孩子簡直就是語言神童，什麼新詞彙和新語言都能輕鬆吸收。過了七歲，語言學習能力就開始下滑。學習第二語言會變得比較困難，這個現象可以在移民家庭中看見。移民父母使用第二語言比較不靈活而且有口音，但小孩卻十分流利。

語言如何在個體和文化中發展的研究已經強烈反駁了

焦　點

野孩子

在極為罕見的情況下，曾有一些孩子被發現在與人非常少接觸的狀態下被養育長大——例如民間傳說裡被狼養大的孩子。這些悲傷的個案讓語言學家非常好奇，因為這提供了一個自然狀態下的研究，讓他們了解在沒有外界影響下，語言發展是如何進行、何時進行的。已被確認的野生孩子個案很少，但現代最接近的不幸案例是吉妮（Genie）。她是1970年在洛杉磯被發現的一位與世隔絕的女孩。社福人員把她從虐待她的雙親手中救出，他們從她還是幼兒時就將她關在一個無聲的密閉房間裡。她到了13歲還不會講話，甚至無法站直身體。經過照顧後，她變得比較社會化、更健康，也成為語言學家深感興趣的對象。他們研究了她很多年，想知道她是否也能像幼兒一樣，發展出有複雜文法的語言。

結果是不行。雖然隨著時間過去，她可以組成「還要湯」這樣的句子，但她的語言能力始終未能超越兩歲半的正常孩童。吉妮的經驗顯示，語言學家的理論是對的：語言具有一個關鍵的發展時期。

學習手語的兒童為語言的發展提供了許多珍貴的例子。

行為主義認為所有學習都來自環境的想法。語言學家諾姆　喬姆斯基就是最知名的一個反對者。在1959年由喬姆斯基評論史金納的《言語行為》（Verbal Behavior）一書中，他指出孩童能理解並造出他們從未聽過的複雜句子，這些句子甚至具有孩童從未被教過的文法規則。他寫道：「所有正常的孩童都可以快速學會相當複雜的文法，這個事實顯示，人類不知怎麼地就是具備這種特殊能力。」學習手語的失聰孩子提供了一些自然的個案研究。例如，有個名叫西蒙的男孩屬於重度聽障，養育他

「教育並不是填滿一個桶子，
而是引燃一把火。」

詩人威廉・巴特勒・葉慈（Willian Butler Yeats）

的父母曾在青少年時期學過手語，不過他們的手語很粗略，而且不規則。雖然西蒙只看過他們的手語，但他自己的手語卻優雅而有文法，遵循著一套他父母不懂的巧妙規則。「複雜的語言是人類共通的，」史迪芬　平克寫道，「因為每一代的孩子事實上都在重新塑造它。」

≫ 青春期

語言的發展大約在七歲左右成熟，皮亞傑的發展階

隨著年紀漸長，我們對朋友和社會生活會變得比較挑。

段只到12歲，但生理和心理的改變卻會持續一輩子。青

春期會出現大量情緒上和社交上的動盪。青少年會發展出更進步的抽象推理能力，將之應用到周遭的世界，並從中發現謬論和不公平。他們會檢驗自己的身分並測試不同的角色。我和家庭的關係如何？在學校和在朋友之間，我是什麼人？我哪裡特別？我哪裡跟別人一樣？此時同儕變得更有影響力，父母則不再那麼重要。然而，

青少年開始探究自己的身分，同時對父母隱藏內在自我。

大多數青少年還是深深依附著父母，只是不願意表現出來。一項針對數千名來自十個國家的青少年的調查發現，他們多數都表示喜歡自己的媽媽和爸爸。多數青少年最後都承襲了父母的宗教信仰和政治觀點。父母可以從中學到：如果青少年子女的叛逆觀點令你擔憂，不妨等個幾年。他們終究應該沒有走遠。

讓大人更感挫折的是，青春期常會出現危險的行為和衝動的決定。青少年可以把這怪給腦部。人類腦部的發展會持續到20出頭。在十幾歲的時候，建造了大量神經聯結的腦區會開始去蕪存菁。很少用到的聯結會被剪斷，讓腦部成為一個更有效率的器官。同時，位於大腦邊緣系統的情緒中心會比掌管理性決策的額葉更早成熟。死亡率和犯罪率會在青春期晚期飆高，其實是有原因的。大腦的理智中心在25歲之前都還沒完全成熟，所以人會情緒激動，但自制力卻還跟不上。

成年人的成長

內在成長不會在25歲停止。雖然心理學家把大部分的注意力都放在兒童時期的劇烈改變上，但他們現在也意識到，成人同樣經歷一些可以預測的生命階段。成人如何經歷這些階段，還有這些階段帶給他們怎樣的心智態度，將會塑造他們最終的人生幸福感。

研究人類的一輩子是非常困難的。定義上而言，這樣的研究計畫得持續75年或更久。然而，喬治‧威朗特（George Vaillant）主導的哈佛研究團隊以開創性的哈佛成人發展研究（又稱為格蘭特研究）辦到了。這項研究追蹤1939年到1944年間畢業的268位哈佛學生（全為男性）。威朗特和他的團隊收

成長不會在童年結束時停止。成人會持續隨著生命成熟。

集了有關這些受試者的大量資料，從生理和心理健康檢查到個人的生命歷史都有。接著他們持續追蹤受試者多年，研究至今仍在進行中。

不令人意外地，由於這些受試者本就出身不凡，因此很多後來都飛黃騰達。大多數人的身分都是不公開的，但已公開的人包括了一位暢銷作家、一位總統內閣成員，還有一位總統：約翰‧甘迺迪（John F. Kennedy）——他的身分被公開是因為唯有他的檔案已經封存，直到2040年才能開啟。但還是有些人在往後的人生中吃足了苦頭。跟普羅大眾一樣，他們也有不少人患上心智疾病，也有一些人中年酗酒，自毀人生。

威朗特研究的最大收穫並不是人生如何才會偏離正軌，而是人生如何才能健康幸福。他提出成人發展的五個階段：

‧**親密關係**：與另一人建立互相依賴的穩定關係的能力。

‧**生涯強化**：對職業的投入、報償、滿足、能力。

‧**生成力**：成人對下一代成長的責任感。

‧**監護或照護**：做慈善、當義工，或為未來世代保留文化資產。

‧**完整性**：風燭殘年時，能夠坦然接受過去與未來。

能順利通過這五個成長階段的男性，比那些停滯不前的活得更好。到了2011年，31位過了親密關係階段

達到生成力階段的人，老年時比較健康。

就沒有繼續成長下去的男性，只有4位仍然在世。128位成熟發展到生成力階段的男性，有50位在世，而那些在生成力階段過世的男性，平均壽命還是比那些停滯在生涯強化階段的人長了八年。此外，那些發展停止於生涯強化階段的人，終其一生無法處理憤怒的情緒。

最能預測成功人生的是：愛。童年家庭溫暖、成年後與人關係強健，和生理、心理和財富健康緊緊相關。格蘭特研究驗證了其他研究的結果。社會支持能給予人力量，去冒合理的風險、追尋意義、在個人與職業生活中與人建立關係。

然而，人生開頭困苦，不見得此生就得不到幸福。雖然童年悲慘的人較難達到生命中的生成力階段，但那些克服逆境找到目標的人，更

終生成功
最好的預測指標是什麼？

愛

能夠坦然接受老去。格蘭特研究中有一位被稱為「卡米爾醫師」的個案就是這樣。卡米爾生於一個冷酷偏執的家庭，進入哈佛後是個問題學生，經常到醫務室報到。

校醫診斷：「這個男孩已經快要變成真正的精神神經症了。」畢業後，卡米爾曾企圖自殺。但過了幾年，他開始變得比較穩定，學了醫、結了婚，或許最關鍵的是，

「我不是一個老師，而是一位喚醒者。」

詩人羅伯特・佛羅斯特（Robert Forest）

生兒育女。雖然他還是有低潮的時候，但後來他說，擔任醫生回饋社會和養兒育女的經驗，是讓他求得幸福人生的轉捩點。「在還沒有『問題家庭』這個詞之前，我就已經生在一個問題家庭，」卡米爾說。「我的職業生涯沒什麼不好──實際上好得很──但真正令人欣慰的轉折，就是我逐漸變成了現

我們的個人特質一輩子都在成長。

在的我：舒適、開心、擁有人際關係、有效率。由於在當時並不普遍，所以我沒有

讀過那本叫《絨毛兔》（Velveteen Rabbit）的經典童書。這本書告訴我們，人必須與其他人建立連結，然後才能變得堅強、完整。」

在成人成長與幸福追求的研究中，卡米爾醫師的故事闡明了一個主要的發現。具有正向態度、社會連結和生活意義的人會隨著年齡活得比其他人更好。

年長的人比較會記得正向圖片而不是負向圖片。

≫ 學習重要的事

我們可以理解，多數年輕人都覺得未來還很長，並依此設定目標。他們有時間去實驗、去學習新知識和技能、去嘗試新的職業、認識新朋友。隨著年齡漸長，時間的終點會拉近，我們的目標範圍也會縮小。對於自己做什麼、和誰一起做，我們也會變得比較挑。年紀較大的人會漸漸把比較多的精力花在幾段親近的關係和他們覺得有意義的活動上。和脾氣暴躁的老頭子這種老掉牙的說法相反的是，他們其實會愈來愈正面——這種特質能長久促進心智和生理的健康。

例如研究顯示，年紀較大的成人的記憶是會被明顯的情緒表現所引導。在一個研究中，年輕和年長的兩群受試者被要求去記得演講者的性別和演講所傳達的訊息。比起年長的受試者，年輕的受試者容易記得演講者的性別。然而，若是要記得演講中的情緒性內容，那麼年長者與年輕人的表現是一樣好

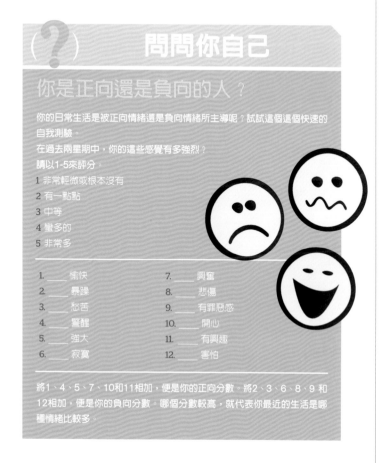

問問你自己

你是正向還是負向的人？

你的日常生活是被正向情緒還是負向情緒所主導呢？試試這個這個快速的自我測驗。

在過去兩星期中，你的這些感覺有多強烈？
請以1-5來評分。

1 非常輕微或根本沒有
2 有一點點
3 中等
4 蠻多的
5 非常多

1. ____ 愉快		7. ____ 興奮
2. ____ 暴躁		8. ____ 悲傷
3. ____ 愁苦		9. ____ 有罪惡感
4. ____ 警醒		10. ____ 開心
5. ____ 強大		11. ____ 有興趣
6. ____ 寂寞		12. ____ 害怕

將1、4、5、7、10和11相加，便是你的正向分數。將2、3、6、8、9和12相加，便是你的負向分數。哪個分數較高，就代表你最近的生活是哪種情緒比較多。

的。整體而言，與其說是年長者記憶退化，不如說是記憶的優先順序改變了。

同樣地，年長受試者的記憶偏向正向訊息，年輕受試者則比較偏重負向內容，並會花比較多時間心力來處理負向內容。這個現象會隨著年紀反轉。在一個研究中，

研究者在電腦上展示正向、中性和負向的圖片給三組人看，包括年輕人、中年人和老年人。受試者的年紀愈老，他們記得的正向圖片所占比例就愈高。受試者重複圖片實驗並同時進行功能性核磁共振造影掃描，結果較年長的受試者看到正向圖片

心理社會發展的階段

- ■ 嬰兒
- ■ 幼兒
- ■ 學齡前兒童
- ■ 小學生
- ■ 青少年
- ■ 年輕成人
- ■ 中年人
- ■ 老年人

完整性 vs.
絕望

生成力 vs.
停滯

親密感 vs.
孤立感

身分認同 vs.
角色混淆

勤勉 vs.
自卑

主動 vs.
內疚

自主性 vs.
羞恥與懷疑

信任 vs.
不信任

愈來愈複雜

時,掌管情緒的杏仁核反應比看到負向圖片時大。

隨著年齡漸長,我們會開始選擇我們的朋友和社交生活。青少年和年輕成人像是探索者。他們正在嘗試了解世界如何運作、別人怎麼想、自己從何融入。脫離父母後,他們通常會比較重視新鮮的事物和新的關係。年紀較大的成人則已經獨立生活了一段歲月,已經交到新的朋友和並建立家庭,因此他們會努力鞏固既有的一切。他們較不想追求無意義的社會接觸,例如派對上的陌生人、新環境的刺激,而是轉向長久熟悉的親友,珍惜他們從親近的人那裡得到的情緒支持。

感覺正向並不只是讓你避免悲傷、憤恨、糟糕的情緒所帶來的不快感這麼簡單而已。在世界各地,正向情緒一次又一次地被人跟較好的身體狀況和較長的壽命連上關係。以一個年齡層介於65到99歲之間的墨西哥裔美國人社區為例,研究剛開始時表現出較多正向情緒的人,在往後兩年的追蹤研究中去世的機率,只有正向情緒少的人的一半。同樣地,在一個瑞典的高齡社區裡,「你對整體人生有多滿意?」的答案可以用來預測死亡率──就算已經控制了其他因素(例如健康和日常生活能力)也一樣。

正向情緒會透過幾個基本途徑影響成人健康:

‧ **正向情緒能啟發成人採取更好的日常健康習慣**。樂觀的人比較能夠開始並持續健康的習慣,如健康飲食、規律運動、優質睡眠。

‧ **正向情緒能降低壓力荷爾蒙的影響**。當遇到危險狀況時,身體有自然的打或逃反應:下視丘是腦幹上方的一小塊

「我們不是因為老了才停止玩耍；
我們是因為停止玩耍才老了。」

劇作家喬治・蕭伯納（George Bernard Shaw）

腦區，會促使腎上腺分泌可體松。這種荷爾蒙會讓血管內的糖分升高，抑制消化系統活動，並改變免疫系統的反應。當你被一隻大灰熊追時，這些是非常好的適應作用，但若是要應付日常生活壓力（例如困難工作的期限或單純遇到塞車）就沒那麼

有用了。血管中一直有可體松在穩穩流動，對整體健康是不好的。然而，研究已經發現，不論是工作日還是假日，正向情緒都可以降低可體松的釋出量，而且與其他變因（年紀、性別、是否抽菸等）無關。

• **正向情緒可以防止老化帶**

來的損傷。疼痛苦、發炎和一般殘疾會隨著老化而增加，但正向情緒似乎會減輕這些壓力源。具有正向情緒的老年人較不會面臨各種不良的健康狀況，從普通感冒到中風、意外和心臟病發再次住院。

• **正向情緒有助你復原。** 壓

特別是對較年長的人而言，滿足的感覺可以撫平心情。

力事件會讓你心跳加速，但正向情緒可以幫助心跳恢復正常。在一個研究中，給予170個人壓力作業（準備一場演講，說明他們為什麼算是好朋友），然後讓他們看一段影片，影片分別會帶來滿足感、娛樂感、中性感覺，或是悲傷。相較於中性感覺或悲傷的電影，帶來滿足和娛樂感的影片會讓他們的心跳較快恢復正常。

≫ 成人生活中的幸福感

正向情緒是健康成人生活的明顯關鍵。然而，整體的幸福感牽涉到的不只是生理上的健康。成人想擁有心理健全的生活，最重要的因素是什麼呢？

威斯康辛大學心理學家卡洛·瑞夫（Carol Ryff）廣泛研究了最佳老化過程，找出了成人幸福感的六大因素：

· **自我接納**。對自己抱持正向態度，承認並接受自己的每一面，好的壞的皆然。

· **與他人的正向關係**。跟他人有令人滿意且值得信賴的關係，關心他人的福祉，理解人際關係的施與受。

· **自主性**。你是獨立的個體，能夠抵抗社會壓力，用某種方式來思考和活動。

· **環境掌握**。覺得環境在你的掌握之中，能有效抓住機會。

· **生活目標**。擁有目標和方向感。覺得現在和過去的生活都有其意義。

· **個人成長**。相信自己正持續發展、成長、擴展。意識到自己是有潛力的。

一個人在成人期能達到上述六種狀態，必定是幸福滿足的。通常而言，對環境的掌握和自主性會隨著年紀增加。青春期和年輕成人期是動盪紊亂的，此時我們被父母、老師和老闆所控制。朝

快80歲了嗎？
拜託，你還是個小伙子：我下個月就要120歲了。

好的人際關係是幸福感的一個要素。

中年邁進時，我們會獲得更多自己人生的主控權。另一方面，個人成長和生活目標會隨著年紀增加而慢慢消失。許多中年人會覺得自己可以完成的事情都已經完成了。曾經為他們帶來極大使命感的孩子，此時可能也已經離家獨立生活。在這個階段，人必須主動找尋新目標來繼續前進。

我們最終的心理幸福感，會受到兩個關鍵事件影響：養育孩子和生理健康的退化。無論順利與否，養育孩子都能讓父母覺得有意義和成就感。對中年人的研究顯示，他們的環境掌握感、人生目標感、自我接納度和憂鬱感，有高達百分之30取決於他們眼中孩子的成就。生理健康也是影響幸福感的明顯因素，但它具有一個令人驚訝的轉折。在某種程度上，我們對自己健康狀況的感覺是透過比較得來的。我們會拿自己的健康跟同類人相比，如果認為自己狀況比同儕好，幸福感就會提高。

我們為
我們的家庭
感到驕傲。

「最重要的是享受生活——感到開心。這才是最重要的。」

演員奧黛莉・赫本（Audrey Hepburn）

你的人生故事

我們每個人都活在自己的自傳裡——那是個進行中的故事，有重要章節、關鍵場景、轉捩點、主角和教訓。我們會把自己的經驗組織成許多小故事，這些故事能解釋我們是誰、我們如何走到這一步、我們可能往哪裡去。我們都是有故事的人。

研究者已經開始研究個人的故事，用以彌補較傳統的性格測量（例如特徵或動機）之不足。人們如何看待自己、如何融入社會的更大框架中，人生故事可以告訴我們許多。

我們人生故事中的章回通常都有一些共同的主題。包含：

- **媒介**：我們改變生活或達成目標的方式
- **聯繫**：與他人的聯結——愛、關懷、歸屬感
- **救贖**：克服逆境、苦盡甘來的時候
- **玷汙**：好事意外變成壞事的情境
- **創造意義**：從事件中學到教訓的時候
- **探索過程**：透過自己的故

我們每個人都有自己進行中的人生故事。

事所探索過的人生

・**正向解決**：人生故事中圓滿化解衝突的方法。

我們早在生命初期就已經開始寫自己的故事，但它會一直隨著時間改變。到了兩歲，幼兒就會開始收集並敘述發生在他們身上的事。小學年紀的孩子可以說出連貫的故事，有標準的開頭、中間和結尾。到了青春期，敘事開始有了因果關係：「這個事件導致那個事件，而我

人腦
會持續
發展到
20出頭。

之所以會有這種行為，是因為我的人生經驗。」到了此時，人已經有了敘事身分，儘管這個身分尚未完成，而且一輩子都會改變。

敘事觀點會隨著時間改變，這不只因為成長成熟，也因為隨著時間過去，回憶會變得更重要或更不重要。我們重建過去時，觀點也會隨之改變。有研究者要求大學生列出他們人生的十大重要事件。結果三年後再次問起他們時，只有22%的答案是和三年前相同的。此外，記憶也是出了名的不準確。就連「閃光燈記憶」——那種鮮活激昂的事件回顧，例如國家災難——都不可靠。

回 憶 開 始 褪 色

例如，研究者分別在2001年九一一事件的隔天、一週後、六週後、和32週後請學生寫下他們對這個事件的記憶。他們的回憶愈來愈淡，多了一些前後不一的細節，而且這回憶的衰退率跟普通事件是一樣的。唯一的不同是：學生對閃光燈記憶有自信得多。

我們描述自己的人生故事時，我們的敘事大多以轉捩點——也就是人生中大大小小的關鍵事件——為主軸。這可能包括在關鍵時刻受到一位老師的讚美、經歷父母離婚、進入大學、以同志身分出櫃、在重病後存活下來，或是有了第一個孩子。（事實上，研究者已經發現，回憶中發生最多事件的時期是在10歲到30歲之間。會有這個「回憶凸點」應該是因為這個階段比其他階段有更多的重大人生抉擇和社會接觸。）身為說故事的人，我們會自然而然地串連起這些回憶點，將這些時刻整合成一個完整的故事，具有前後一致的主題和課題。

事實證明，我們處理負面事件的方式尤其重要。我們傾向於找出負面事件的共通點，然後為它們做出合理的解釋。處理危機並從中找出正向意義的能力，與心理成熟度、恢復力和長期的幸福感有關。研究者也發現，能以第三人的角度去看待過去問題的人，比其他人更能處理問題，也較不會感到沮喪。把事件變成一個獨立的故事，主角另有其人，似乎有助我們了解問題並處理它。

我們生命故事的重要性不在於那些自傳式的細節（事實上，我們的記憶通常是有選擇性且偏頗的），而是在於我們賦予它的意義。我們會拼湊起一段個人的故事，好讓自己的人生有前後一致的主題和目標。

跟所有故事一樣，我們的個人歷史也是用來說的。我們可以說給自己聽，但當我們說給別人聽、得到他人的反應時，它們就會變得更有力量、更重要。人會描述剛剛發生的重大事件，往後的

試試看

你的故事是什麼？

把你自己的人生故事寫下來，有助你對自己的目標、夢想和認同感產生意想不到的觀察。利用下列提示，寫下你自己眼中的人生。不要擔心文法或標點符號，只要隨心所欲地寫就好。

> 若你想像書中的故事一樣描述你的人生，那麼裡頭會有哪些章節？你現在在哪一章？這個章節發生了什麼事？

> 思考未來。想像你的人生已經不可能再更好了。你已經努力工作，並達成了你的目標。你的故事是什麼？

> 寫下一個你所經歷過具有意義的事件，盡量寫得仔細。自由表達你對這個事件的情緒或想法。

你看到哪些主題呢？你的衝突和壓力是什麼？你從哪裡找到成長和實現呢？

「每個人都必定 是自己人生的主角。」

小說家約翰‧巴斯（John Barth）

日子裡也會不斷重複拿出來講，還會適時修改，以符合聽眾的預期。研究者已發現，聽眾的反應對說故事的人影響很大。聽眾心不在焉時，說故事的時間只會有原來的一半，而且說故事的人會覺得自己的故事比較不重要。專心的聽眾，就算是帶有敵意，也會讓敘事者覺得自己的故事有意義。

年紀較小的青少年喜歡跟家人分享故事，但逐漸長大後卻比較喜歡說給同儕聽，這點做父母的應該都不會感到意外。至於浪漫伴侶，兩人對一個回憶的意義愈有同感，說故事的人愈能長久保存這個記憶。

》文化情境

大家的人生或許都是獨一無二的，但我們會把自己的

不同文化的人對自己人生故事中的亮點也有不同的認定。

人生故事放在自己的文化脈絡中來看。如西北大學心理學家丹‧麥克亞當斯（Dan McAdams）指出的：「故事存在文化中。它們誕生、成長、擴展，乃至最終死去，都是根據特定社會主流的常規、原則和傳統。」

故事的演變會遵循某些我們幾乎從出生就熟悉的原則。在現代西方文化中，一個主角會被家庭塑造、經歷特定的形成階段、有了決定後來人生方向的見解和頓悟，然後走向成功或失敗。《頑童歷險記》中的哈克 芬恩逃離虐待他的父親，在密西西比河沿岸流浪，從他遇到的騙子和偽君子身上學到了一些事，並領悟到他必須不違背自己的道德準則。孤兒簡‧愛（Jane Eyre）熬過了困苦的童年，勇敢反抗跋扈的羅徹斯特先

生，發現了自己的能力，最後根據她自己的條件回到羅徹斯特身邊。

訴說自己的故事時，西方人也傾向於依循這樣的故事線。典型的人生故事會循著一些經典的故事線發展。當你思考自己的故事時，你應該也會以典型的敘事法來看它：我出生於某一種類型的

家庭、關鍵的童年經驗、轉折點、克服挫折、最終成功。我們預期要記得的事，塑造了們對自己人生的記憶。

由於我們對自己人生的看法受到文化期待塑造所影響，因此來自不同文化的人會用不同的方式來看自己的生活。例如，北美洲的成年人在描述童年的記憶時，可以比東亞人追溯得更早、也說得更詳細。相較於中國成人，有歐洲背景的美國人對

我們對自己人生的看法受文化預期所影響。

單一事件以及他們在這事件中的角色和情緒反應有較多的記憶。中國成人有比較多關於社會和歷史事件的記憶，且較著重於他們的社會互動。

有一個研究比較荷蘭人和

日本人的典型「生命劇本」，結果發現了五個共通事件：結婚、第一份全職工作、生小孩、開始上學和父母過世。然而，日本人的生命劇本也包含一些獨特的里程碑：中學入學考試、重大成就、成年禮、孩子的七五三節，還有成年這件事。荷蘭人的生命劇本有三個主要事件是日本人的劇本裡沒有的：離家、第一次性經驗，和祖父母死亡。

如果說，我們對人生的觀

在某些文化中，祖父母的角色比較重要。

點是被主流文化所塑造，那麼是否表示少數人或邊緣群體就被遺漏了呢？女性或少數民族會不會缺乏一個人生的範本？各方看法各異。有些研究者認為，受到打壓的群體也有自己在主流文化以外的特殊人生故事。

回饋

根據美國總統傑佛遜的遺願，他的墓碑是這麼寫的：

長眠於此的是
湯瑪斯　傑佛遜
美國獨立宣言、
維吉尼亞宗教自由法作者
維吉尼亞大學之父

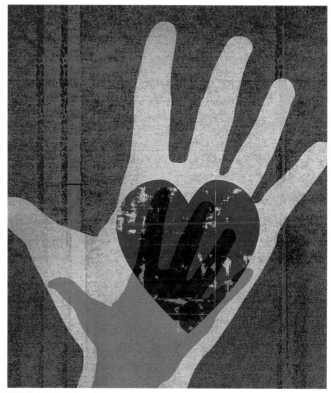

回饋他人是成人幸福感的一個重要部分。

少了什麼？只是一件小事：曾經當過美國總統。傑佛遜的墓誌銘反映出他最驕傲的成就。獨立宣言、法規和大學是他對這個世界的遺贈。很少人能達到傑佛遜的成就，但隨著年紀增長，很多人都開始反思他們如何能在臨終之前回饋社會。威朗特稱這個生命階段為「生成力」。這是個體生命旅程中，特別重要、特別健康的一部分，也是成人幸福感的因素之一。努力創造生成力的成年人不論年輕或年長，在遇上壓力、失敗或其他生活問題時都比較容易從中復原。經營生成力，有助你度過老年。

生成力在日常生活中有很多形式。它可以是創作：寫一本書、創作藝術或音樂。它也可以是當義工回饋社區。家庭是生成力的沃土，無論是幫忙孩子做功課或運動，還是照顧年老的家長。當爸媽的比較容易有生成性，而那些在生成力量表上最高分的人，通常較常參與孩子的生活，從參加家長會

「生活本身

就是最美好的童話。」

作家漢斯・克里斯提安・安徒生(Hans Christian Andersen)

乃至到當學校義工。更宏觀地看，生成力也可以是為了達到某種不朽。人都希望自己的人生在自己死後也有意義。他們渴望對同伴、社會、甚至全世界都有持續性的影響。

救贖的故事特別容易在有強大生成動機的人身上看到，也會在那些戒除藥癮或想洗心革面的犯人身上看到。這些個體可能會描述一個生命的轉折點，例如戒掉酒精或藥物，開始重建生活，並幫助其他人做一樣的

事。歷經喪偶之痛的人可能會說他們從這經驗中獲得力量或惻隱之心。具有生成力的人較可能將這些困境視為由負轉正的契機。（救贖的相反是玷汙，也就是正向生活轉為負向生活的轉折點。有生成力的人較少描述這種時刻。）

救贖感是獲得幸福的強大力量——比擁有一段快樂的人生故事還要更強大。認為自己已經克服困境、苦盡甘來的人，心裡的感覺比那些一生順遂的人還要更好。作

家貝爾　胡克斯（Bell Hooks）克服了艱苦的童年，成為老師和社運人士。他曾寫道：「不必要和無法避免的苦難會使我們受傷，但不一定會成為一輩子的疤痕。它確實會留下印記。但要讓這苦難的印記成為什麼，終究掌握在我們自己手中。」

從嬰兒期到年老，我們都遵循特定的劇本。我們都以可預期的方式成長。我們習得語言、社交技巧和成熟的技能。我們會犯錯，並從中學習。在某種程度上，這種發展模式是受人類生理所支配的，但生理並不是故事的全部。當年紀漸長，我們可以反思自己成了一個什麼樣的人，反思自己的人生故事，並從中找出意義，協助我們了解自己對世界的影響。

心智與

第二部

世界

沒有人是獨自生活的，就算是深山裡的隱士也必須與周遭環境互動。他需要做決定、採取行動、解決問題。大多數人都是生活在集體的世界，我們的人格和能力經由與社會世界互動的方式來定義。接下來的三個章節裡，我們會探討在一對一的關係和在團體中，我們如何與人相處。你也會看到一些有關我們如何推理和創造的驚人發現。你也會學到如何駕馭自我控制的能力來達成目標。

》第四章《

社會動物

被別人排擠是痛苦的，心理的感受就如同生理上的一樣痛苦。例如2003年所進行的電腦賽博球（Cyberball）實驗，研究者報告了玩家在一個簡單的線上虛擬拋球遊戲中的反應。這些實驗者告訴受試者可

以與其他兩個玩家透過網路連線一起玩這個遊戲。但受試者並不知道所謂的「其他玩家」只是利用電腦設定操作的模擬玩家，而非真實的玩家。在遊戲的第一局，模擬玩家會任意把球傳給其他玩家。然而，在之後的球局裡，模擬玩家會停止傳球給受試者，無論受試者怎麼嘗試，他們都會被排除在外。這些被排斥的受試者會感覺到受傷，而且這不只是一種隱喻。掃描他們的腦部時發現，那些與真實的生理疼痛（例如被鐵鎚敲到手指）所

帶來的情緒相關的腦區會變得比較活躍。

亞里斯多德（Aristotle）曾寫道：「如果沒有朋友，就算擁有其他一切好處，也沒有人會選擇繼續活下去。」人類具有與他人融洽相處的基本需求，這是能驅動他們一生的期望。嬰兒從出生起就對母親很敏感。青少年則轉向他們的同儕尋求認同和支持。關係和聯繫是年老成人幸福感的基礎，也是長壽的關鍵。我們是極度社會化的動物，深深被我們與他人之間的關係所影響。人際

關係會塑造自我認同，這不只是與親密伴侶之間的一對一關係，與群體之間的關係也會塑造我們的信念和態度。更廣義地看，我們的人格、決策、動機，甚至是我們的智力，都是為協助我們遊走社會環境而設計的。我們的社會需求也許是基於生物遺傳，但這些需求會表現在我們對外在世界的反應和互動方式當中。

連結和排斥

我們的社會化自我會對於一對一關係的建立

「社會不僅僅是個體的總和，更是由大家之間的聯繫所形成的系統。」

社會學家艾米爾・涂爾幹 (Émile Durkheim)

感到舒適。要真正感受到與另一個人建立關係，我們需要經歷一段穩定且持續的聯繫。在這樣的聯繫中，我們與一個親密朋友頻繁且愉快地互動，不需要隱藏真實的自我。與各式各樣的陌生人短暫地聯絡接觸，不會有情緒上的滿足。我們需要感受到對方對我們的了解和關心。有這類親密關係的人被證實比其他人更快樂健康。

相反地，當我們的親密關係被切斷、被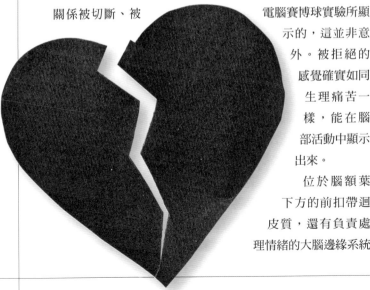躲避或被排斥時，結果可能會很慘。想想你與情人分手，或是家庭爭吵後被家人斷絕關係的時候。即便在小時候，我們最糟糕的某些經驗就是最好的朋友結交了新朋友，或是被一群孩子排擠時。這些時刻肯定都是用痛苦來形容。事實上，有一大堆痛苦的詞彙都是用來形容情緒上的分手：我們的感覺受傷了、我們的心碎了、我們感覺到被拒絕的刺痛。如電腦賽博球實驗所顯示的，這並非意外。被拒絕的感覺確實如同生理痛苦一樣，能在腦部活動中顯示出來。

位於腦額葉下方的前扣帶迴皮質，還有負責處理情緒的大腦邊緣系統中的前腦島（anterior insula），都跟傳遞痛苦和情緒訊息息息相關。實際上，研究發現，痛苦會以兩種方式在腦中表現出來：關於痛苦所在位置的感覺訊息，以及這感覺有多討厭的情緒訊息。當一個嬰兒因為與媽媽分開而難過哭泣時，大哭這個行為是前扣帶迴皮質引起的。經由外科醫生手術移除部分前扣帶迴皮質的病人說，他們會感覺到的疼痛，但並沒有不愉悅感。被排斥的電腦遊戲玩家沒有感覺到生理上的痛苦，但他們所感覺到被排擠的苦悶，就像被揍了一拳一樣痛苦。他們愈是感覺被排斥，痛苦程度就愈高。

對於被排斥，有些人似乎比其他人更敏感，也更容易為此感到痛苦。如果讓這些人看有寂寞感的畫作（例如愛德華・霍普的作品），他

對排斥感較敏銳的人光是看有孤立意象的畫就會感到痛苦，例如這幅愛德華‧霍普的作品。

們腦中的情緒痛苦中心就會活躍起來，而看到臉色嚴厲的人的照片時也一樣。

即使已經過去，人們在思考社會損失時也會感覺到真實的痛苦。相較於看見陌生人的照片，看見近期過世親人的照片時，大腦前扣帶迴皮質區會比較活躍。同樣地，有小產經驗的女性受試者看到微笑嬰兒的照片時，大腦前扣帶迴皮質區也會感覺到痛苦。

所以，假設情緒性和生理性的痛苦是重疊的，那麼你可以吃阿斯匹靈來止痛嗎？令人驚訝的是，在某種程度上是可以的。研究顯示，連續三星期每天都服用一顆泰諾（Tyleno）的人所感受到的日常創傷感，從第九天開

泰諾可以同時治療生理上和情緒上的痛苦。

始就比那些服用安慰劑的人低得多。同樣地，電腦賽博球遊戲中被排斥的玩家若是每天服用一顆泰諾，也能有同樣的效果。

文化情境也會影響我們對於被拒絕或被排斥的敏感度。就以農夫和牧人為例。一個在土耳其所進行的研究中，研究者訪問了獨立工作並將作物直接送到店裡的農夫，以及必須定期跟陌生人一對一議價來販售牲口的牧人。農夫和牧人被親朋好友

焦點

排斥

排擠的力量是如此強大，因此數千年來人類都把正式排擠當成一種手法，用來管教和懲罰犯錯的社會群體成員。古代雅典人會進行「ostrakophoria」，因此衍生出ostracism（放逐）這個字：在冬至的聚會上，民眾們會聚在一起，用陶片（ostraka）進行投票，看要驅逐哪些被認定有威脅的市民。

某些宗教團體也有驅逐這種作法，其中最有名的可能是古老艾美許教派和門諾教派的一些教會。已受洗的成員如果被認定破壞誓言，就會被逐出群體。在他們悔改之前，其他艾美許人都不會與這些人一起吃飯或做生意。更極端的是峇里島人傳統的卡普斯堪（kapesekang）習俗——連地方爭執或政治爭執都可能讓人被判處放逐之刑。罪犯的鄰居不會正眼看他、也不會和他打招呼，罪犯和他的家人被禁止進入廟宇，也不能使用學校或診所，因為沒有人會跟他們說話。被驅逐的人過世時，則會面對最終的放逐：遺體不能葬在社區的公墓裡。

疏遠時，感覺到的痛苦程度是一樣的。但是被陌生人排斥時，這兩個群體的結果就不同了。生活上不需依賴與陌生人打交道的農夫，面對陌生人的冷漠時較不會感到困擾。至於相對需要與陌生人互動的牧人，則會受到較大的影響。

所以，當你覺得彷彿心碎了，或是某一句傷人的話真的傷了你，你都必須認真以對，因為你的痛苦是真實的。

從現代角度來看，這種來自社會關係中看似無害的輕蔑忽視所激起的深層生理反應似乎很古怪。但從演化的角度來看，被排擠的痛苦是合理的。人類具有很長的未成年期，在這期間完全依賴父母和照顧者給予他們食物和保護。對大多數哺乳動物而言，小時候沒有人照顧就意味著死亡。在早期人類歷史中，成人也是依賴同儕的保護。當時的社會群體規模都很小且經常處於危險中，成員必須互相依賴才能覓食、養育幼小、抵禦掠奪者。如果被逐出群體，就會是一場災難。如加州大學洛杉磯分校心理學家娜歐米艾森柏格（Naomi Eisenberger）所寫的：「有鑒於社會脫離對生存如此不利，在我們的演化過程中，能確保社會緊密的社會依附系統搭了順風車進入我們的生理痛苦系統，借用疼痛的訊號來暗示社會分離。」在這些不愉快的訊號的推動之下，人們會趕緊團結起來，以避免孤獨生活的危險。

》被拒絕的代價（和好處）

被拒絕的痛苦通常會伴隨著另一種不好受的情緒：焦

慮。多數人被排擠時都會緊張焦慮，覺得自己的人生出了問題。這同樣也有演化上的道理。這種不悅的情緒提醒我們，自己正處於被社會群體切斷支持的危險中。為了消除焦慮感，我們會努力與社會重新建立連結。

焦慮感甚至可能在真正被拒絕之前就會產生，由批評等警訊所引發。受到家人或長官批評，或親密伴侶說你人老色衰，都可能是你即將

期待融入社會群體是演化的一個要素。

受到排斥的警訊。我們可能會對批評感到生氣，或根本不認同，但這些批評所引起的焦慮感還是會油然而生。困窘和罪惡感也和焦慮有相似的功能，但只發生在回顧

時。罪惡感有助我們避免未來的社交錯誤、修補我們的關係。

就某種程度上而言，焦慮、困窘和罪惡感都是有價值的，因為它們能保護我們免於被社會排斥的危險。但若是超過某個程度，經歷過社會焦慮的人會被它所造成的嚴重後果所傷害。社會焦慮是最常見的心理疾患之一（見第七章，第205頁）。經歷過社會焦慮的人會異常

被社會群體排除在外能導致焦慮。

對排斥的
應對方式

每個人偶爾都會遭受批評或排斥，大家都討厭這種經驗。然而，有一些應對的方法，可以幫助你透過這樣的經驗變得更強大。心理學家陶德·卡什丹提出了幾個有用的策略：

1.看看批評者是什麼樣的人。他是創造者還是破壞者？尖酸的評論固然揮之不去，但不妨聽聽那些想以你的作品為基礎繼續創造的人怎麼說。

2.如果你的作品被拒絕了，在你自己（創造者）和作品之間創造一些心理空間。學習拉開思想與思想者、感覺與感覺者之間的距離。

3.如果有令人不快的想法，把它們拿出來，慢慢重複說給自己聽。訓練自己去理解它們的本質。只是一些文字、一些感覺，它們無法決定你的下一步。

4.被拒絕後，要了解有生產性和沒生產性的痛苦之間的差異。問自己：「如今我是否能做什麼來解決我的困擾？」如果答案是沒有，那就接受它，並往下一個有生產力的目標前進。

5.投資你的朋友圈。跟那些親近的人分享你的弱點和想像力。世界即使很殘酷，也要善待他人。

害怕被羞辱或被拒絕，並因此避免社交活動。被強迫與他人互動時，他們會將焦點放在對方身上，竭盡全力不揭露自己的想法或感覺，並避免爭議性的事物，因為他們害怕曝光、困窘和被拒絕。這種作法能讓社交互動順利，但也總讓他人無法親近。有社會焦慮的人甚至會貶抑自己或淡化自己的成就，以避免與他人產生隔閡。他們也可能會躲避公開的讚美或正向評價，這可能是因為害怕引起他人嫉妒，也可能是他們害怕讓人對他們產生自己達不到的高度期望。即便是得意時，有社會焦慮的人也會想要失敗，因為這樣他們在群體中的位置就不會改變。

排斥經驗不只對心智健康不好，對生理健康也不好。排斥經驗似乎尤其會激發身體的發炎反應。而後，持續的發炎反應又會讓糖尿病或心臟病等狀況惡化。當成年人對著不友善的聽眾演講時，或是夫妻吵架時，身上都會出現這種效應。排斥經

被排斥的經驗可能會導致糖尿病和心臟病。

驗在青春期特別有害，因為這個時期的社會地位和團體關係在情緒上非常重要。一項長達兩年半的研究發現，容易有憂鬱情緒的青春期女孩在經歷排斥後，發炎病徵最為明顯。身分地位較高的女孩尤其如此（受試者以階梯來評估自己的身分，低階處是不受歡迎、成績不好的女孩，高階處則是受歡迎、功課好的女孩。）這是為什麼呢？研究顯示，對於社會威脅，地位較高的人會比地位較低的人有更強的壓力反應，這可能是因為從演化的角度來看，他們若是從那階梯高處摔落，損失會比較大。

另一方面，有一種人可能反而會因為被拒絕而成長茁

認為自己有較高社會地位的女孩比其他人承受更大的壓力。

「只要有一個行使權威的人，就會有一個反抗權威的人。」

作家奧斯卡・王爾德(Oscar Wilde)

壯：驕傲獨立的個體。作家史蒂芬・金（Stephen King）向出版商推銷他的小說《魔女嘉莉》（*Carrie*）時，將一封又一封的拒絕信釘在臥房內，但並沒有放棄推銷，直到第30次才賣出他的小說。研究發現，異常獨立且珍惜自己獨特性的人在被拒絕後會更有創造力。在研究測驗裡，他們能產生更多不尋常的字詞聯結，創造出更多想像的故事和畫作。對這些驕傲的局外人而言，社會拒絕可能是一種驗證而不是勸阻，能使他們更有活力而不是更憂鬱。

橋接世界

很明顯，與他人建立關係對我們的生理和情緒健康都非常重要。我們該怎麼做呢？可以從同理心開始。學會辨認他人的情緒，尤其是痛苦情緒，是與他人形成連結的重點。多數人看

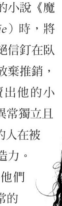

不要因為我漂亮就討厭我。

到一個在遊戲場上被霸凌的小孩，或是朋友的腳被踩了之後的痛苦表情，都會跟著抽搐一下。我們似乎感同身受。實際上，我們也的確是如此。

很多研究都證實了腦部會因為熟人的痛苦而起反應，就如是自己經歷的一樣。例如，台灣的研究者讓一組有親密伴侶的年輕男性受試者看一系列手和腳的圖像。有一些圖像是中性情境，例如一隻手正在打開一個抽屜。有些則是痛苦情境，例如一隻手被抽屜夾到。實驗要求男性受試者想像圖片中的肢體來自不同的角色，例如陌生人、親密伴侶或自己。功能性磁振造影掃描顯示，腦中與痛苦反應有關的區域（前文介紹過的前扣帶迴皮質和前腦島）在我們想像圖片角色為親密伴侶時，比想像陌生人的痛苦情境時活躍。實際上，受試者和重要他人的關係愈親密，受試者的腦子就愈覺得這痛苦是發生在自己身上。

不只生理痛苦會激發這種

有高度同情心的人，如德蕾莎修女，能感覺到他人的痛苦。

同理反應，當我們看到他人經歷社會痛苦，例如被拒絕，也會引發腦中同樣區域的活動。記得在電腦賽博球遊戲裡（見本章，第111頁），模擬玩家參與了一場排擠他人的苛刻遊戲。還有另一組受試者只是看著遊戲間的玩家互動，之後就被要求寫一封電子郵件給被排擠的受試者。有同情心的人，看到被排擠的互動，腦中與痛苦相關的區域就有活動反應。更有甚者，顯示最多同情反應的受試者寫出的電子郵件也是最有同情心的。其中一位這樣的觀察者寫道：「親愛的亞當，在看了你的電腦賽博球遊戲後，我注意到你可能在艾瑞卡和丹尼他們持續互相拋球時感覺被忽略了。我只想說，我很難過發生了這件事，但我相信這一定與你無關。你似乎是一位很好的投球手。」另一位較無同情心的人則這麼寫：

「嗨，安！謝謝你跟其他兩位一起參加這場遊戲。這是一場很有趣的遊戲，希望你感到開心！」

這種同情行為純粹是利他行為嗎？演化上的解釋會說：不完全是。親社會行為可以蔓延到一整個群體，讓大家都蒙受其惠。我們對他人這樣做，是希望有朝一日他們也會對我們這樣做。

「我完全知道你的感受。」

≫ 同理心的光譜

同理心過度活躍可能讓人痛苦，但完全沒有同理心可能造成危險。提到「心理病態」，大家心中就會浮現這個意象：眼神狂亂的獨行俠，蓬頭垢面、令人毛骨悚然，完全沒有任何正常的人類情感，也許只有仇恨除外。傳統來說，心理學也認同這個判斷。心理病態的理論認為，心理病態的人感受不到同理心，也無法理解他人的感覺。

但也有泰德・邦迪（Ted Bundy）這個案例。他是個連續殺人魔，駭人聽聞的犯罪案件足以讓他成為任何暴力心理病態名單中的頭號罪犯。在1989年被處決之前，邦迪承認自己殺害了30位女孩和年輕女性，而且人們懷疑實際數字比這還多得多。除了綁架、強暴、毆打被害者之外，他砍下至少12位女性的頭，把它們收藏在他的公寓裡。他兩度逃獄，又犯下更多的罪，最後才因為駕駛贓車被逮捕。

邦迪若是個討人厭的傢

「〔同理心〕就是能夠理解：在每一場戰爭裡，就算贏了，也是輸了。」

作家芭芭拉・金索夫（Barbara Kingsolver）

伙，就不可能成功引誘這麼多的女性受害者。相反地，認識他的人和倖存的被害者都說他迷人、有魅力又聰明。這個英俊友善的男人似乎是冷酷的相反，甚至曾一度在自殺危機中心工作。事實上，他就是理解同理心為何物，才有辦法引誘這麼多好心的陌生人上鉤。他曾多次在手臂上或腿上包著石膏接近被害者，請求她們幫他把東西拿到車上。

並非所有的心理病態都有暴力或犯罪傾向。

心理病態一直被認為跟童年受虐經驗有關。很多施虐者小時候都是受虐者，導致他們認為必須透過霸凌別人來得到力量或控制權。但這種情況似乎也有心理學的理論基礎。暴力罪犯的研究者發現，暴力罪犯的恐懼反射並不健全，對懲罰的敏感度也較低。心理學家現在認為，心理病態者可能也有一種發育不全的同理心。和疼痛一樣，同理心似乎也同時具有認知和情緒兩個部分。心理病態可能具有認知的部分——他們理解什麼是同理心，也知道它如何運作——但不具有情緒部分。他們就

連續殺人魔手泰德‧邦迪理解同理心為何物，但卻感受不到。

是無法感受到情緒。這樣的條件最適合造就一個高效率殺手，一個獵食者，既懂得操縱他人又不會陷入情感的泥沼。泰德·邦迪絕對符合這個形象。他對自己犯下的案件毫無罪惡感。他在警察面前巧舌如簧，且到死的那一天都還持續撒謊、吹噓、改變說法。

並非所有的心理病態都是罪犯。當安分守法的神經科學家詹姆斯·法隆（James Fallon）於2005年在他自己的腦部掃描結果中發現心理病態的關鍵特徵時，他領悟到自己的競爭性和侵略性可能有生物基礎。一些心理學家說，有高達4%的企業老闆也是心理病態，他們喜愛操控別人、冷酷，但並不暴力。

》 你懂我

「沒有人像我最好的朋友那麼了解我。」「我男友最懂我。」當你感決某人跟你很親時，你會認為沒有人像他那樣了解你。當你想要親近某人時，你會想要真的了解他，理解他的所作所為。

理解與同理心一樣，都是社會聯結的重要形式。理解在人際關係中有兩種形式。第一種是認識。人們想要認識他人，也需要他人認識自己。就算不是親密關係，對他人的了解也很有價值。它

有助我們猜出他人的動機、解釋和預測他們的行為。在決定一個人是否值得信賴之前，我們必須先了解他。

理解的另一種形式是回應。當你覺得伴侶珍惜你、接受你、以你的最佳利益為考量時，你就會感受到來自他的承諾和認可。回應已被證實是伴侶之間培養安全感、親密感和信任感的關鍵。一旦開始，理解的過程就是雙向的。當一個伴侶幫助另一人達成目標時，好的回應方式也會鼓勵那個幫助另一半的人暢談他自己的夢想。

互相理解最重要的部分並不是知識本身，而是顯現出來的敏感度和情緒支持。一個研究發現，談到了解親密伴侶的人格、飲食喜好或行為，感覺比實際的知識還重要。只要一個人感到被認

可，覺得伴侶總是為他著想，那麼伴侶就算不真的知道他愛喝哪種啤酒，也沒什麼關係。

「你懂我」的現象不侷限於愛侶之間。這種親密的理解也可以撐起好的親子關係。父母如果對小孩的需求有較多的回應，孩子會比較有安全感，社交技巧和學業成就也都會比較好。

》感激

你若有個能回應並理解你

「**在你從對方的觀點考量事物之前，你永遠無法真正理解這個人。**」

作家哈波・李（Harper Lee），《梅岡城故事》（*To Kill a Mockingbird*）

父母若能回應孩子的需求，孩子就會健康茁壯。

的伴侶，你必定會心存感激。感激的情緒是另一個建立聯結的有力因素。即便不是親密關係，它也可以增進一個群體之間的正向行動，並幫助有困難的人在逆境中找到力量。

從實際的角度來看，感激就是很有用處。它是個獲得利益的指標。當你得到一個禮物，或是從特定人士身上得到某種好處時，你會心存感激。若是以下這些情況，感激之情可能會加強：你認為禮物對送禮者來說是昂貴的（無論是金錢、時間或付出）；禮物具有個人價值且選得很好（一罐陳年的格蘭利威對蘇格蘭威士忌愛好者而言是很完美的禮物，但對正在戒酒的人來說就不是）；送禮者沒有義務給予禮物時。一份突如其來且非出於強迫的禮物，會是最棒的禮

「感激之情敞開了通往力量、智慧和創造力的大門。」

作家狄巴克・喬布拉（Deepak Chopra）

物。無論如何，我們心懷感激不是因為禮物或福利本身，而是因為這贈與的行為顯示出有人想到我們、有人關心我們，這個世界還不算太糟糕。

感激的另一個用處在於它是個源源不絕的禮物，因為它能鞏固和善之舉。當我們感謝別人送我們禮物，包括他們所貢獻的時間、支持和智慧，這些人在未來就更有可能再次對我們或他人慷慨。感激也讓我們有善待他人的動機——先行付出。在星巴克排隊時，排在你前面的人如果出乎意料地幫你附咖啡錢，你就會有動機為你後面的人做一樣的事。善意能激發善意，我們會想要成為跟幫助我們的人一樣好的人。感激的情緒能促進社會的蓬勃發展與健康。

然而，傳達感激之意卻不見得容易。我們表達感激之情時，有可能會伴隨著害怕、困窘、悲傷和生氣。感激會讓我們了解到自己有多脆弱、在人生的苦海中有多依賴他人。（男人尤其不容易表達感激。）治療者有時會勸人寫一封感謝信給他們親近的人——可能是過世的親人或朋友——並將信大聲念出來。朗讀的地點可能是墓前或其他能激起情緒的場所。不難預料，在這些時候，情緒會很複雜，愛、感激與悲傷混合在一起。更五味雜陳的是受虐婦女寫給前夫的信（不會唸出來）。這些信件雖然可能有療效，但當這些婦女反思自己在經歷這些事後如何變得更強大、更獨立、更有社會連結時，可以理解，感恩也經常被悲傷和憤怒掩蓋。

》好的出發點，不好的結果

寬恕是一種正向的態度。能夠寬恕別人的人，生理和心理上都過得比較好。他們對人生更滿足，一般的心理憂愁也比較少。甚至他們的血壓都比那些較不願寬恕的人健康。人際關係通常能從寬恕中獲得好處。如果妻子對出軌行為表現出比較寬容的態度，那麼她們的丈夫即便在一年之後，仍報告說兩

人之間有比較多的有效溝通。

但是，寬恕永遠是好的嗎？研究者在一個在家庭暴力庇護所裡測量女性對施虐伴侶的寬恕程度。在一個動態計分的指標上，女性對一些陳述表示同意或不同意，例如「我仍然對那個人心存怨恨」和「雖然不喜歡，但我可以接受已經發生過的事。」接著再根據另一些陳述來評估她們回到伴侶身邊的可能性，例如「我非常想念我的伴侶」或「我打算再次跟我的伴侶見面。」研究結果顯示，女性愈願意原諒曾經傷害她們的男性，就愈有可能回到伴侶身邊，不論其他因素如何，例如暴力的嚴重程度。事實上，寬恕似乎會助長虐待關係中的暴力。在婚姻早期，伴侶若較不願意原諒暴力行為，日後被家暴的頻率就會下降。較寬容的伴侶反而會受到懲罰，家暴頻率不是持平就是愈來愈高。

表達感謝與善意能維持良好的人際關係。

和藥物一樣，適量的寬恕是好的，但過度反而會變成毒害。在能收能放和理解的同時，也能鼓起勇氣去辨認並糾正糟糕的情況，人和彼此之間的關係才能發展得好。

待人和善是另一個可能會弄巧成拙的例子。一般而言，在伴侶有個人需求時表現出善意，可以提高伴侶關係的滿意度。即使是與陌生人互動，連續十天表現出「隨機善意舉動」的人，也對自己的人生更加滿意。

另一方面，善意也可能妨

在一段關係中，寬恕和自我尊重之間必須達到平衡。

礙必要的溝通。在一個長達四年的研究中，夫妻雙方都認為，在「解決問題的討論」（也就是爭吵）中，如果妻子能拒絕或批評配偶，那麼婚姻關係其實會更好、更穩定。其他研究也支持這個想法，認為當批評能逼著人去處理重大的問題時，它反而可以拯救關係。然而，如果只是雞毛蒜皮的小事，那麼批評就會拖垮婚姻。

人際關係既需要善意也需要誠實的勸諫。

善意也無法取代其它更具體的支持。在適當或可回應的情況下，善意是有效的。但當配偶正忙著洗髒碗盤時，與其說幾句好聽話，還不如伸出手去幫忙。

相同的原則也適用於樂觀。整體來說，樂觀能對事件加分。總是預期事件圓滿的人，整個人生裡都會有較多的幸福感和較堅定的關係。樂觀也會降低年輕人的壓力和憂鬱。然而，肆無忌憚的樂觀會使人對不良結果和不良行為視若無睹。樂觀主義者較有可能沉迷賭博，就算輸了錢也一樣。那些為施虐配偶的行為提出外在歸因的樂觀女性（他只是工作壓力大），更容易遭受心理或生理上的虐待。一般來說，面對嚴重問題時提出委婉藉口的配偶，比那些正視問題、責怪伴侶的人更不可能解決這些問題。我們也不會因為對自己的行為保持樂觀而受益。伴隨不良行為的負面情緒是一種刺激，能促使我們修正自己身上的問題。

團體動力

我們所有人都活在團體中——小團體集合成大團體，大團體又集結成更

瑪保樂醫師
（D r. T. Maboule）
心理學家

我知道你忘不了，
但你應該學著原諒……

我們所有人都生活在團體中。同學是一種自然形成的團體。

大的團體，然後再跟其他團體交錯，人際關係如同文式圖（Venn diagram）那麼複雜。想想你自己所屬的團體，你可能會驚訝：怎麼這麼多。你屬於一個家庭嗎？你屬於學校裡的一個班級或辦公室裡的一群同事嗎？你屬於一個讀書會、一支壘球隊或一群打牌的朋友嗎？你有在社群網站上連結「朋友」嗎？你有在關注推特嗎？你屬於一個政黨、教會或清真寺嗎？還是你屬於全球性的宗教社群裡的一員？你有一個認同的國籍嗎？還有那些暫時性的團體，例如一群正在電影院排隊買票的人？

庫爾特・馮內果（Kurt Vonnegut）小說《貓的搖籃》（Cat's Cradle）中的故事主角屬於一個名為布克農（Bokononist）的宗教群體：「我們布克農教相信人類被分成了許多團隊，這些團隊在不自覺中遵照上帝旨意行事。這種群體被布克農教稱為卡瑞絲（karass）。」卡瑞絲不在乎「國家、制度、職業、熟悉度和階級的界線。」對於布克農教來說，相對於卡瑞絲的群體是格瑞法隆（granfalloon）。在馮內果的小說中，格瑞法隆的例子包括了普通電力公司（General Electric company）和「任何國家、任何地方」。

對於研究社會聯結的人來說，這兩種團體——卡瑞絲和格瑞法隆——都是合法的。只要有兩個以上的人透過社會關係連結，就是一個團體。社會心理學家通常將團體分成初級和次級兩種類型。初級團體是長期緊密結合的組合，成員經常面對面互動，且高度團結。人經常會不自願地成為某個初級團體的成員，家庭就是一個主要的例子。親密朋友和親人也可能成為初級團體的一部分。在人類早期歷史中，初級團體是唯一的團體。人類生活在小部落裡，或和一群狩獵者和採集者一起生活，不受外界社會影響。然而，隨著社會成長發展，次級團體開始形成。

次級團體具有多種形式，但整體來說，它們更龐大、更有組織，但情感上的牽連比初級團體來得少。然而，次級團體的重要性在於它能定義個體在社會上的身分和角色。這些團體可以是街上的抗議者，也可以是一個公司內的全部員工。研究員荷莉・愛洛（Holly Arrow）和同事找出了這些次級團體形成的獨特方式：

・**編制的團體**是由團體外的人員或權威來組織。按照外部人員的指示所組成的飛機機組人員或軍隊就是這樣的例子。

・**創辦團體**是由個人創立的，創辦人本身也是團體的一員。遠征隊、讀書會或網路創業公司可能都是創辦的團體。

・**視情況出現的團體**是為了因應臨時的外部力量。因為暴風雪而被困在機場的乘

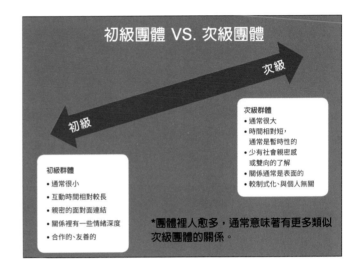

初級團體 VS. 次級團體

次級

初級

初級群體
・通常很小
・互動時間相對較長
・親密的面對面連結
・關係裡有一些情緒深度
・合作的、友善的

次級群體
・通常很大
・時間相對短，通常是暫時性的
・少有社會親密感或雙向的了解
・關係通常是表面的
・較制式化、與個人無關

*團體裡人愈多，通常意味著有更多類似次級團體的關係。

「在人還很年幼，也就是還很無助的時候，社會就已經出擊了。」

心理學家史金納

客，或打破商店櫥窗的暴民，都是視情況出現的團體。

· **自我組織的團體**也可能為因應環境情況而出現，但團體內的成員是慢慢站到一塊兒相互合作的。等待離開擁擠停車場的駕駛，和派對上決定打開音樂跳舞的青少年，行為都是透過微小的社會調整而變得愈來愈一致。次級團體就像有機體。它們具有可預測的生命週期和特徵動態。俄亥俄州研究員布魯斯 塔克曼（Bruce Tuckman）在一項經典研究中確定了五個團體發展階段：

· **形成期**。成員彼此接近。他們變得相互依賴，專注於任務。

· **風暴期**。成員爭取地位、團體爭辯目標，此時會產生衝突。

· **規範期**。團體變得更有組織和凝聚力，衝突消退。成員彼此敞開心胸，表達意見。

· **表現期**。團體轉向它的行動目標。

· **休止期**。團體已達成任務。當團體解散時，成員可能會覺得傷心或焦慮。

》社會影響

多數人會傾向認為我們具有自己的心智，所以可以獨立思考和行動，但幾十年來的研究顯示出相反的結果。身為社會化的動物，我們很容易被團體的準則和權威人物的力量深深影響。看法、態度和行為都會如浪潮般在團體中波動。想想流行趨勢、網路圖像或政治觀點。連幽浮目擊事件或癲癇發作也會成團出現。文化規範也可能快速變化。例如，在2001年到2014年的13年間，美國群眾對同性婚姻的支持率由35%上升到52%，並有35個州讓同性婚姻合法化。

團體變得更有凝聚力時，就會進入所謂的規範期。

人是容易受到暗示的。我們甚至會無意識地調整我們的思考以符合團體準則。許多經典實驗都曾經顯示過這個現象。1936年的一個實驗要求團體中的男性估計一個光點移動了多遠。每個人一開始都有自己的估計值，但後來大家都逐漸把自己的數字朝團體平均值逼近，就算給他們機會私下說出自己的估計值也一樣。即使換一批人，團體思考的效果仍然存在。新招募的成員會採用已存在的準則。

1951年所羅門・阿希（Solomon Asch）進行的實驗也出現一樣的結果。一個受試者被告知他和同一組裡的其他人正在接受一個知覺測驗。受試者必須比較三條線中的哪一條線與標準線段的長度相同。受試者並不知道，同組的其他成員是研究者安插的。偽裝的受試者不斷提出錯誤的答案來影響受試者。當實驗對象可以自己回答問題時，他們犯錯的次數不到1%。當他們被安排在一個團體中時，他們有三分之一的次數會把自己的答案改成錯的。

從眾行為在人還很小的時候就有了。在玩伴之間，孩子們會願意改變自己的行為和偏好來配合朋友。他們的

所羅門・阿希試驗

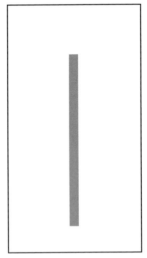
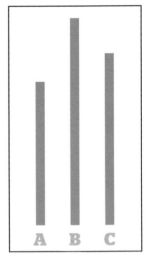

哪條線的長度與左邊的線段相同？如果團體中的其他人都說「A線」，你會怎麼做？

穿著、說話、和行動都會模仿最受歡迎的孩子。如果朋友都吃綠花椰菜，那麼就算是不喜歡綠花椰菜的孩子也會跟著吃。上過高中的人都知道，死黨是青少年之間一種獨特的社會結構，他們會自己凝聚起來，有運動員、知識分子、反叛者……等等。

我們雖然可能會欽佩某些特立獨行的人，但很少有人會想要活在一個毫無規範和社會結構的文明中。大多數人都會自然地對權威和群體共識做出回應。身為團體的一員，我們能獲得珍貴的訊息和安全。被逐出時，我們也會遭受痛苦的後果。

這種傾向可以促進社會平穩運作佃。它也可以導致可怕的權力濫用。猶太人大屠殺期間士兵的行為就是一個惡名昭彰的例子。例如，1941年9月裡的兩個日子，在幾名指揮官的指揮下，納粹士兵和烏克蘭警察在烏克蘭娘子谷內有計劃地用機關槍掃射，殺死了3萬3771位猶太人。這些部隊不在一個很大的團體中，要特立獨行是很難的。

是一個獨特的怪物集合。引用阿道夫・艾希曼（Adolf Eichmann）的話，他們是「服從命令」的普通德國人和烏克蘭人。

然而，也有人冒著生命危險反抗權威。在娘子谷事件之後兩年，「白玫瑰」反抗組織成員蘇菲・蕭爾（Sophie Scholl）從慕尼黑的一處陽台灑下傳單，極力主張反納粹。她幾天後被納粹送上斷頭台。其他如曼德

「你的朋友是上帝為你的親人道歉的方式。」

作家 韋恩・戴爾（Wayne Dyer）

焦點

權威和服從

這可能是20世紀最著名的心理學實驗，斯坦利·米爾格蘭姆（Stanley Milgram）的服從權威實驗仍然讓人對實驗結果感到沮喪。米爾格蘭姆在1961年開始這個實驗，目的是為了回應阿道夫·艾希曼所提出的納粹士兵只是「服從命令」的這個說法。他進行了20個實驗，情況各有些微的不同，但基本設定如下：米爾格蘭姆招募受試者到他在耶魯大學的實驗室，告訴受試者他正在研究懲罰對學習的影響。每個受試者都被指定擔任「老師」的角色，而另一個實驗室同謀被指定為「學習者」。學習者的手上綁著電極線，必須完成一個字詞測試。在相鄰的房間裡，老師被告知，學習者在測驗中每犯一個錯，老師就要開啟電擊來懲罰學習者，電擊強度會隨著錯誤次數上升而增加。在過程中，老師可以從電擊開關上的標籤知道電擊強度，範圍從15伏特（輕微）到450伏特（嚴重且危險）。實際上，整個實驗過程裡，電擊開關完全沒有作用，但學習者被告知要表現出強烈的痛苦。

隨著實驗進行，學習者故意犯了很多錯。當老師提高電擊強度時，學習者開始發出痛苦的聲音，等到電擊強度被轉到最高時，學習者則痛苦地尖叫哭泣：「讓我出去！」若老師不願施予電擊，就會有一個穿白袍的權威人士推他一把，例如對他說：「請繼續」或「你只能繼續」。

有63%的老師持續電擊尖叫不已的學習者，直到最大電擊程度。米爾格蘭姆對於這個結果非常驚訝。但過了幾年，他用其他受試者做了一樣的實驗，也再次獲得證實。實驗者發現，某些情況最有可能讓人服從權威：

- 有權威人士在旁，穿著白袍，而且表示負責。
- 實驗是在一個正式場合進行。
- 老師可以指示其他人來按開關。
  - 學習者在另一個房間或在一段距離之外。
  - 另一方面，在一些情況下，老師會較不願意施予痛苦的電擊。
    - 老師必須將學習者的手按在電擊板上。
      - 看見其他受試者拒絕服從。
      在這些情況下，服從程度降到只剩10%。

拉（Nelson Mandela）和甘地（Mahatma Gandi）之類的傳奇領袖則透過和平反抗帶來了深刻的改變。

集體思考是一種強大的力量。它可以呈現在組織中（例如德國軍隊），或在主動的暴力事件中，例如洛杉磯警察被無罪釋放後的暴動，而那些警察也是透過自己的集體暴力，在飛車追逐之後毆打了建築工人羅德尼·金（Rodney King）。當然，集體思考並不一定會導致暴力行為，但它確實創造了容忍暴力的心態。如所羅門·阿希的標準線測試所發現的，某些條件會提高從眾性。這些條件包括群體規模（三人或三人以上）、群體一致性（除了你以外的所有人都同意）、檢視（其他人都在看著你），以及不安全感（你覺得自己很無能，特別是跟群體中的其他人相比）。

》密教崇拜

人類對歸屬感的需求，對被拒絕的恐懼，以及屈服於權威人物的傾向，在密教崇

拜中以最極端的形式結合在一起。密教又稱作高度排他性的宗教組織或高強度的信仰團體，在全世界代表了一小部分但不可忽視的宗教團體。在美國，大約有250萬人信奉密教。這類團體大多數規模都很小，只有不到100人，不太引人注意。研究密教的辛西雅・馬修斯（Cynthia Matthews）和卡爾曼・薩拉查（Carmen Salazar）訪談了密教成員，辨識出密教和普通宗教機構之間的一些標準差異。它們包括：

• **父權制度和性別角色**。多數（但非全部）的邪教都由男性主宰，且保持傳統的父權制度結構。女性必須服從男性權威，不遵從就會遭到懲戒。

• **單一決策**。群體中所有的決定都是密教領袖一個人做

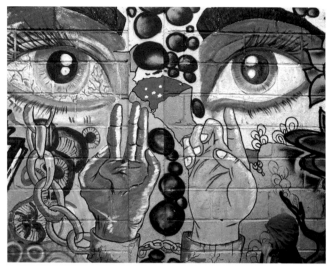

洪都拉斯的幫派塗鴉展示了群體建立統治地位的一種方式。

的。馬修斯引述一位前密教成員的話：「領袖決定一切──所有事都以他為中心。你若不尊他為領袖或不接受他的決定，就會遭受罪惡感、羞辱和排斥。」

• **服從威權**。密教成員必須無條件地服從領袖的決定。

• **隔絕**。密教領袖以隔絕外界影響作為控制策略。在許多密教裡，成員都是在家自學的，並與群體內的成員結婚。外界的影響被視為邪惡。

• **家長權威**。當整個家庭都信奉密教時，父親就代表密教領袖的權力。一般來說，他們利用憤怒和懲罰來強制孩子服從，而母親則使用罪惡感和羞恥心等手腕。

「當所有人想法都一樣時，就沒有人思考了。」

記者沃爾特・李普曼（Walter Lippmann）

文化道德系統提供了一個辨別對錯的方針。

・**宗教性**。密教成員通常被告知他們所走的路是通往救贖或啟蒙的唯一途徑。

・**虐待**。以密教為名義的虐待，包括心理虐待、情緒虐待、生理虐待的和性虐待等，是這些組織最具破壞性的特徵。所有馬修斯和她同事訪問過的前密教成員，都呈報某種形式的虐待。

離開密教組織的人可能在往後許多年裡都會感到悲傷或氣憤。但很多人也從和他們一起離開的人身上找到支持，並透過幫助其他人離開來自我療癒。

》道德與禁忌

身為社會動物，我們很容易將某些普遍且根深蒂固的信念和行為視為自然規律。這其中包括了道德規範。哲學家對道德的來源一直有爭議。近幾十年來，這個主題已經被從演化生物學家到各方面的心理學家重新檢驗。雖然意見持續分歧，但一個有說服力的學派認為，道德

是直覺機制（由演化壓力形成，且在某種程度上已經內建於大腦）和文化制約的組合。社會心理學家強納森・海德（Jonathan Haidt）稱道德系統為由「價值、經驗、制度和進化相互交錯形成的心理機制，它們共同運作來壓抑或調節自私，實現社會化的生活。」他認為，道德的產生是「基因和文化創新的共同進化」。

道德議題在不同的文化中會有不同的重要性，但也有

一些主題是共通的。它們包括：

· **關心／傷害**：依附系統以及感受他人痛苦的能力，是善良、溫柔和撫育等美德的基礎。

· **公平／欺騙**：正義、權利和自主性等思想背後的進化式雙向利他主義。

· **忠誠／背叛**：跟形成社會網絡、團體、部落的能力有關，是愛國主義和犧牲小我等美德的基礎。

· **權威／顛覆**：階級式的社會互動，是領導與追隨等美德的基礎，包括對合法權威和傳統的尊重。

· **神聖／墮落**：厭惡與玷污，是努力活在一個更崇高世界這個宗教概念的基礎，還有對自己身體的尊重，因為身體對可能因為不道德的活動而遭到褻瀆。

當我們面臨道德困境時，道德判斷的雙重性——本能加上文化制約——是顯而易見的。處理道德爭議時，人的反應通常是快速的、直覺的，但卻經不起理性分析的反應。

問問你自己

你覺得這有多嚴重？

每個文化都有自己的禁忌——也就是似乎很噁心或很不敬的行為，雖然它們通常是無害的。研究者已經發現，本能、文化制約和社會地位會影響人如何看待禁忌。

在一個研究中，研究員向巴西人和美國人提出以下情境，並詢問他們會如何反應。以下情境有多令你反感呢？

》有個女人在清理衣櫃時發現了一面舊國旗。她不想要這面國旗了，所以她把它剪成小塊，用來當抹布清理浴室。

》一個女人快死了。臨終前，她要求兒子承諾每週都要去她的墳墓。這個兒子非常愛他媽媽，所以他答應了。但在母親過世後，兒子並沒有信守承諾，因為他太忙了。

》有一家人養的狗在自家門前被車撞死。他們聽說狗肉非常美味，所以他們把狗的屍體切了，煮來當晚餐吃。

》有一對兄妹喜歡跟對方接吻。四下無人的時候，他們都會找一個隱密處躲起來，熱情地接吻。

》有個男性每週都會去超市買一隻死雞。但在他料理雞肉之前，他都會先跟雞性交，然後才把雞肉煮了吃掉。

不論在巴西還是在美國，大多數人對「國旗」和「臨終」的故事都沒有太大感覺，但多數人對「狗」、「接吻」和「雞肉」的情境都覺得噁心，認為主角必須受到阻止或懲罰。社會地位對這些反應有很大的影響。社經地位較高的人（例如大學生）態度是最寬容的。

一個與上述道德爭議有關的著名思考實驗是電車難題（trolley problem）。其中一個版本情境如下：你是一位電車駕駛。你所駕駛的電車因為剎車失靈在軌道上失速移動。你看見軌道正前方有五位工人即將被電車撞上，除非你轉換軌道開關將電車引導至旁邊的備用軌道上，不過這樣電車就會撞上一位站在備用軌道上的工人。在這樣的情況下，你會按下轉換開關嗎？

現在試想你正站在天橋上俯看電車，這電車由於駕駛昏倒而失控。在你旁邊的是一位肥胖的男子。若你將將男子推落軌道，他將會被電車撞死，但他能阻止電車撞死

我們的腦部能對朋友的痛苦起反應，彷彿我們自己也經歷這痛苦。

五位工人。在這樣的情況下，你會將他推下橋嗎？

多數人在第一種情況下會選擇轉換開關，但在第二種情況下卻大多不會選擇將男子推下橋。但第二種選擇與第一種的結果是一樣的：用一條命去換五條命。不論結果為何，人似乎會本能地區分故意傷害和副作用引起的傷害——也就是主動殺死一個人還是任由一個人死亡。

實驗者發現，遇上道德困境或禁忌時，人們傾向於以第一直覺反應為判斷基礎，事後再將這些判斷合理化。電車問題和第137頁右側的五種情境都是這樣，其他與性、食物（你會不會喝下一杯消過毒的蟑螂沾過的水？）或迷信（你會簽一份非約束性合約，將你的靈魂以兩美元賣給魔鬼嗎？）有關的也是如此。被質問時，大多數人很難解釋他們為何對這些行為反感，但又堅稱背後必定有它的理由。這種行為被稱為「道德錯愕」（moral dumbfounding）：我們只知道有些事情不對，卻說不上來為什麼。

無論是好是壞，我們與他人建立關係的需求不只塑造了每個個體的生活，也塑造了整個人類文化。心理學家同意約翰・多恩（John Donne）的話：「沒有人是座孤島」。認清社會依附的力量，有助我們了解自己受他人的影響有多強烈——以及如何拒絕有害影響，堅持自己的信念。

「電車問題」是一個道德判斷的經典思考實驗。

第五章

反思智力

1881年的一個傍晚，克羅埃西亞工程師尼古拉·特斯拉（Nikola Tesla）穿過布達佩斯的一個公園，一邊引用《浮士德》裡的一段文字給同伴聽。後來，特斯拉寫道：「就在我引述這段激盪人心的

文字時，一個靈感如閃電一般進入腦海，然後事實瞬間浮現。我用樹枝在沙地上畫出的圖案，六年後就呈現在美國電機工程師學會的演講中……我當時看到的圖像非常銳利清晰，和金屬、石頭一樣樣實在，具體到我告訴他：『這是我的馬達，現在就看我反轉它。』」特斯拉在沙中畫的就是感應馬達，由交流電供電，是當今全球電力的基礎。

特斯拉是個天才，這點如今已經沒什麼爭議——但天才究竟是什麼意思呢？從大

學輟學的特斯拉，在學校主修電機工程。他是靠著自己的分析技巧和累積的知識得到答案的嗎？他那得自詩歌的靈感是否只是個單純的直覺，源自某種比意識思考更深層的東西？他是否擁有比一般人更強的創造力，還是說，他只是比較堅持不懈，多年來一直執著思考電動馬達的問題？

這些經驗和更多相關的能力都對特斯拉的成就有所貢獻，因為現今對智力的定義已經比「會讀書」廣泛許多。當代研究者認為，「聰

明」的意思是你可以完成任何你想做的事：它是你追求目標的過程中，能力與投入心力的動態結合。它可以是一種意識的過程、一種直覺的過程，或兩者的混合。智力不只是存在頭腦中的才能。智力和創造力加在一起，便是你的心智與外在世界交流、進而幫助你的生存和發展方式。

智力意義的改變

認為智力是一種單一能力的想法，長久以來都有支持者和批評者。20世

工程師尼古拉‧特斯拉在他自己位於科羅拉多州斯普林的實驗室。

紀早期，英國統計學家查爾斯‧斯皮爾曼（Charles Spearman）認為每個人都有一定程度的基礎智力，稱為g。他強調雖然每人專精的技能不同，一個人如果擅長於一個領域（例如字彙），那麼通常他在其他技能上也會得到高於平均的分數。在某種程度上，智力似乎是跨領域分布的。其他研究者則指出，這個基礎智力g主要是針對遇見不熟悉問題時的

分析技巧，例如你在學業上遇到的問題，但並不是針對其他現實世界中的情況。

就現代社會的多數人而言，智力已被簡化為數字。智力測驗、國家標準測驗和美國學生的SAT測驗等等，將學生在教室或實驗室內所學到的學業技能轉換成標準化的數值。這些分數是通往進階班級、大學和研究所的門檻，是學生學業成就的合理指標，但這些指標經常成

為孩子拼命想要撕掉的標籤。某個老師可能會這麼說：「她的智商有110，」彷彿這個分數是個天生的特徵，和棕色頭髮一樣。但標準測驗的分數就只是分數而已。只是某一天的某一個測驗的一個分數，用來測量某一套分析技能。更合理的說法應該是「她十歲時在這個測驗中獲得110分」，就像你會說「她在上星期的代數測驗中得了個B」。

標準化測驗通常用來測量成就、能力或兩者皆是。成就測驗反映出你所學到知識，例如字彙或一般文化知識。能力測驗則預測你可以學得多好，例如問題解決或空間推理能力的評估。最常用的成人智力測驗是魏氏成人智力量表（Wechsler Adult Intelligence Scale，簡稱WAIS），這包含了四個部分，有語文理解、知覺推理、工作記憶和處理速度。對標準化測驗的批評者指出，這類問題常常本身就帶有社會經濟上的偏頗，對某些族群較為不利，例如對劇場或保險不熟悉的考生。他們也注意到，如果考生測驗時容易緊張——我們大家都認識一些「不會考試」的人——那麼他的成績也會低於實力。自我看法也會影響測驗分數。當部分女性受測者被告知在特定測驗中，女性和男性的表現一樣好時，她們的表現會比沒有被告知的女性受測者還要好。童年早期的測驗無法顧及這個孩子往後會有的經驗，而那些

經驗卻可以刺激跟認知能力有關的腦部功能。

設計測驗的人都很清楚這些批評，因此盡可能創造公平的環境。若是使用得當，

這些測驗確實可以概略預測人在學校或特定領域中的成就。然而，沒有任何一項測驗能明確測出讓人在自己的環境中成功發展的廣泛智

焦　點

弗林效應（The Flynn Effect）

你比你的祖母聰明嗎？她可能不這麼想，但智力測驗分數說明另一個故事。在過去一個世紀內，從中國到巴西，智力測驗的分數都穩定成長，每個世代增加5到25點。這個難以理解的現象以詹姆斯‧弗林（James Flynn）命名為「弗林效應」，他是第一位指出這個現象的紐西蘭研究者。

典型的智力測驗，如史丹佛－比奈量表（Stanford-Binet）或魏氏成人智力量表，是將一群人的分數標準化。一百分表示平均值，出現在鐘型分配曲線的中點。測試者發現他們必須隨著不斷上升的分數來重新設定中點。以現今的標準，一百年前的平均分數只有76分——如今這個分數被認為是智力不足的一個徵狀。

這個效應已經被不同測驗、國家以及累積多年的結果所證實。這個效應特別明顯反映在與文化相關的問題上，例如跟字彙有關的問題。不過，與單純數學題目或「流動」智力有關的分數也穩定上升。引起這個效應的原因仍然是個謎。詹姆斯‧弗林認為這是一種文化效應。在他的觀點中，現代教育、大量媒體、由農村經濟到工業經濟的轉變增進了我們的字彙能力，並加強了我們的分析技巧——本質上，這些智力測驗的問題都包含了被環境塑造的技能。然而，這些社會改變並不能完全解釋技能的增加。營養的改善可能是其中一個原因，例如全世界的平均身高都比以前高。不過，這似乎也不能解釋智力測驗分數增加的規模。較小的家庭、較好的健康狀況或更多刺激的環境，可能對分數增加也有所貢獻。無論原因為何，這個效應顯然是真實存在的。

力。舉例而言，一位來自澳洲內陸的原住民可能無法在美國學生的SAT測驗中得到好分數，但若要在艱困的沙漠環境中走動，他輕輕鬆鬆就能贏過美國大學生。

》多元智力

多數研究者現在都認為智力不是單一能力，而是好幾種能力的總和。若是如此，那麼這些能力究竟是哪些、

智力測驗的分數每一代都增加 5 到 25 點。

我們如何定義它們，它們之間又是否互相關連呢？美國心理學家霍華‧加德納（Howard Gardner）鑑別出八種不同的智力：語言、邏

數學邏輯能力可能也是一種智力。

輯數學、音樂、空間、身體運動知覺、內省（自我）、人際（他人）和自然。雖然這些類別直覺上聽來很合理，但批評指出，它們並不是全部都有科學證據支持。

另一個有實驗結果支持的理論是羅伯特‧史坦伯格（Robert Sternberg）的智力三元論。這些元素如下：

每個孩子都有一套獨特的學習技能。

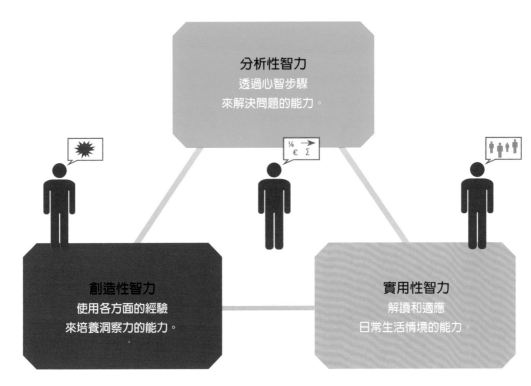

分析性智力
透過心智步驟
來解決問題的能力。

創造性智力
使用各方面的經驗
來培養洞察力的能力。

實用性智力
解讀和適應
日常生活情境的能力。

· **分析性智力**：學業相關問題的解決能力，例如在學校可見的或傳統的智力測驗——具有完整定義的問題，只有一個正確答案。分析、評估或比較訊息的能力最接近我們對智力的一般看法。這不只是唸書上的聰明，也應用於日常生活中的每一種推理判斷。例如，史坦伯格和同事研究「預測」和「後測」的差別——後測是指想像某種東西出現在過去的樣子。例如，給你一個摸起來偏硬的桃子，請你預測它在一個星期後會變硬或變軟。再請你猜測它在一星期前是硬的還是軟的。研究者發現，人預測問題的通常比後測問題快且容易。對人而言，分析過去可能發生的

「我們知道自己是誰，
但不知道自己可能成為誰。」

劇作家威廉‧莎士比亞，《哈姆雷特》

事，比預測未來的事還要困難。

· **創造性智力**：能夠成功處理陌生的、不常見的情況，並能靠著既有的知識和技能得出嶄新的答案。有高度創造性智力的人容易成為創造者，他們善於發現或研發新的想法或產品。

· **實用性智力**：靠著現有的知識或技能來適應日常生活的能力。有高度實用性智力的人具有樂觀進取的態度。他們了解在實際情況中，哪些事情是需要被完成的，接著他們會一步一步完成它。我們可能會發現，他們擁有很多隱性知識，這種透過經驗得到的技能知識是很難解釋的。騎單車、做一個蛋餅或賣出一輛車，都牽涉到隱性知識。

根據史坦伯格和同事的研究，每個人都擁有這三種智力，但是程度不盡相同。有些人在每個領域都很強，但一般人通常會偏重某個領域。這三種智力都能被廣泛應用在各種情

況，從學校到工作場所乃至家庭。

所以，從智力三元論的觀點，我們可以簡單地指出一個人聰不聰明嗎？從某個角度來說是可以的。我們可以從一個人的行動和某些關鍵特質看出他聰不聰明。一個聰明的人：

· **可以說出並完成自己的人生目標**。這說明了智力對每個人而言都代表不同的東西。想成為警察的女性，和想成為傑出小說家的男性，將會走出不同的人生道路。智力也會受社會背景影響。

試試看

跳脫框架

創造性智力的特徵之一就是解決新問題的能力。下列問題是改自心理學家羅伯特·史坦伯格和喬伊絲·格斯特的測驗。測試一下你能多快回答每個問題？哪一個比較困難？

1. 粉筆是用來寫字的。所以墨水之於紙如同粉筆之於：
a) 文字　　b) 黑板
c) 橡皮擦　d) 教室
2. 假設手是一個聽力器官，那麼眼睛之於眼睛如同手之於：
a)平滑　　b) 觸摸
c) 耳聾　　d) 破損的
3. 有些人的體重比其他人重。下面這套詞彙最後應該填上什麼？瘦巴巴、苗條、一般、豐滿……
a) 飢餓　　b) 瘦
c) 肥胖　　d) 健美
4. 一頓飯的最後一道菜是家具。下面這套詞彙最後應該填上什麼？開胃菜、湯品、沙拉、主餐……
a) 桌子　　b)麵包
c)菜單　　d) 主菜

答案

1 b，2 c，3 c，4 a。
第二題和第四題代表創新的問題。解決它們會用到你的創造性智力。

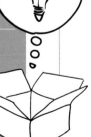

如果你來自一個貧窮家庭且沒有很好的教育機會，想成為一位傑出的小說家就會困難許多。但聰明的人具有達成目標的技能，或至少有一個習得這些技能的計畫。

• **會利用優點，糾正或彌補弱點。** 如果你可以辨認出這些特質並運用你的能力模式，這就是智力的表徵。你需要放多少注意力在你的弱點上，與這些弱點造成的損害程度有關。羅伯特・比斯瓦斯・迪安納（Robert Biswas-Diener）博士將弱點比喻為船身上的孔洞。若你的生命是一艘準備航向人生目標的船，你的弱點就像是船身中的裂縫。小裂縫會讓船進少量的水，但並不足以

羅伯特 比斯瓦斯 迪安納博士將人生比喻成一艘航向目的地的小船。

讓你變慢。你若花太多時間對它們大驚小怪，就無法到達終點。弱點的大小就如同孔洞大小，都需要花費一些注意力和精力。你需要修補它們以確保能持續向前。有時候，這些弱點太大，會讓船有沉沒的危險，因此你必須先中止旅程，把船拉出水面修補孔洞之後才能繼續航行。換句話說，你需要暫時忽略你的優點和你的目標，先處理好你的弱點。

有些職業會根據根據不同的強項來調整工作內容。例如，英國的律師分成事務律師（solicitor）和出庭律師（barrister）。事務律師的業務是接待客戶，在辦公室裡分析、撰寫案件。出庭律師的強項則在於口才，負責出庭辯論。

• **適應、塑造與選擇環境。** 聰明人的想法會隨著環境而改變。例如，一位總統如果不論戰爭還是和平都能妥善領導國家，那麼他就展現了這樣的能力。聰明人也會主動塑造環境，讓環境更適合他們的長處，或是去找另一個能夠發揮優勢的環境。一位企業高層人士如果擅長與人交際，卻不擅長事辦公室的例行工作，那麼聰明的作法就是轉而從事教育工作。

• **同時運用分析性、創造性和實用性這三種智力來達成目標。** 若能了解自己的不同技能，將它們全部派上用場，我們就能表現得更好。

「**真正天才的人**

永遠不會生不逢時。」

科學家 喬瑟夫・亨利（Joseph Henry）

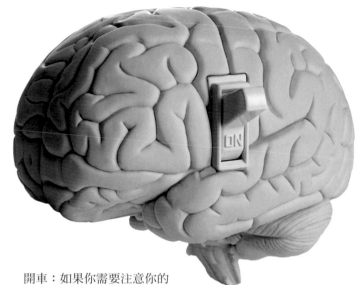

有意識和無意識的想法

當感應馬達的圖像突然出現在尼古拉·特斯拉心中時，它可能是來自一個看不見的思考過程，也就是無意識認知狀態。我們總認為智力的運作是有意識或經過深思熟慮的過程，這當中牽涉到一步一步解決問題的過程，例如閱讀地圖或把一串數字相加。的確，我們有些思考和意識認知歷程是以這種形式發生的。但還是有大量的訊息處理是發生在意識未能察覺到的範圍內。這種認知性的無意識裡會發生許多快速的知覺和判斷，影響著我們的想法和行為。

認知性無意識最重要的一個角色就是審查。腦部的處理過程會先篩選無數個感覺細節，否則太多的細節會讓我們無所適從。試想你正在開車：如果你需要注意你的每個細小動作、路上的每輛車、道路標誌、建築物、天空中的雲、路旁的樹、外面的噪音、後座孩子的扭動，那麼你根本無法專心上路。實際上，長期開車的駕駛經常發現，他們能成功隔絕並且不去注意那些經過的風景，常常開過了好幾個路口，卻完全沒有注意到周遭環境。這種篩選處理的現象被稱為潛在抑制（latent inhibition）。這是腦部用來篩選過濾與現有作業不相關訊息的能力。當篩選過程出錯時，人就容易出現分心、散漫或是更糟的情況。例如，精神分裂症患者就有潛在抑制的問題，也就是說，他們很難阻絕周邊不必要的

如果我們的腦部不阻隔令人分心的感覺訊息，我們將無法運作。

「智慧和深度智力需要一種對於神祕事物的真正欣賞。」

詩人 湯瑪斯·摩爾（Thomas Moore）

焦 點

道德代數

班傑明·富蘭克林是政治家、發明家和作家，也是一個有條理的思想家。在一封1722年的信中，他描述了他的決策過程給英國科學家喬瑟夫·普斯特力（Joseph Priestley）參考：

「當這些困難的案例發生時，它們之所以困難，是因為我們在考慮所有好壞理由時，並非所有的理由都會同時出現在我們的心中，而且這些案例常因為有不同的考量而有不同的理由。因此，各種考量的目的或傾向不斷交替出現在眼前，不確定性也困擾著我們。」

「要克服這個，我的方式是，用一條線將半張紙分成兩行，一半寫出優點，另一半寫出缺點，接著在三或四天的思考中，我屏除一些由不同動機而來贊同或反對評估的暗示。當我有了這些優缺點，就把它們放在同一個觀點中，努力估計它們各自的權重；當我發現兩邊的權重幾乎相等時，我就將他們兩者刪掉；若我發現一個好理由等同於兩個壞理由，我就刪掉他們三者。當我判斷兩個壞理由等於三個好理由時，我就刪掉這五項；接著我就可以找到平衡的線，若在一兩天或更久之後的考慮兩邊都沒有出現重要的新項目，我根據此做出決定。」

「而且，理由的權重不能被代數數量的精確度所採用，但當分別考量比較這兩者，完整的事物就會呈現在我面前，我想我可以判斷得更好，而且較不會採取魯莽的步驟。事實上，我已從這種等式中發現了極大的優勢，這可能被稱為道德或謹慎的代數。」

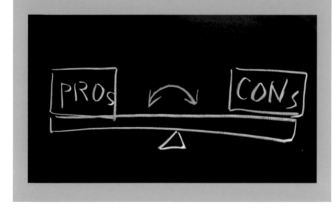

訊號。結果，他們受到暴風雪般的感官噪音轟炸，導致正常功能難以運作。

認知性無意識也是一個學習中心。早期科學小說過去經常描述來自未來的家庭，成年人只需要在睡覺時聽錄音帶就可以學習外語或線路圖。雖然很不幸地，這種不用努力就能獲得知識的方法尚未被實現，但科學家已經發現，心智不需意識參與就可以處理訊息。因此我們有時不必經過思考，就可以近乎本能地能快速地理解事物。

舉例來說，我們或許無法在一夜之間學會一種語言，但我們可以無意識地抓到文法的規則和模式。在一個實驗中，受試者看了一連串的字母，字母的排列方式遵循一套很困難的新文法。經過一段時間後，他們就可以區分出新字串中「符合文法」和「不符合文法」的模式，雖然他們無法有意識地說出這個文法的規則。透過經驗，受試者的心智已經不知不覺地理解了那些模式模

「執行力

是天賦的戰車。」

詩人 威廉・布雷克(William Blake)

式,並且學習辨別它們。

腦部在麻醉狀態下仍然可以學習。在其他實驗裡,研究者播放字詞配對的錄音帶給25位在心臟手術時被麻醉的病人聽。手術之後,沒有人記得播放錄音帶這件事,但他們確實可以回想起字詞的聯結。他們腦部有某個部分不只聽見了錄音帶,而且還學了起來。

≫ 心智捷徑

無意識的認知歷程不只能幫助我們學習,也能幫助我們透過心智捷徑來做快速的決定,這也被稱為捷思法。面對選擇時,井井有條的人(例如班傑明・富蘭克林,見左頁「焦點」)可能會將好處和壞處寫下來,但我們大多數人都依賴經驗法則來獲得結論。某些答案似乎對我們來說就是對的。過多的訊息進入決策歷程可能會妨

礙我們的反應速度。捷思法可以幫助我們節省時間並且作出更多精確的選擇。研究者已經定義出多種又快又省力的捷思法。例如,當我們使用再認捷思法來從兩個選項中選擇一個時,我們會認為熟悉的選擇有較大的價值。許多研究發現,股票投

資選擇的內容僅根據再認價值優於市場。再認價值甚至可以被用來預測運動賽事。相較於溫布頓網球賽的種子或排名,業餘網球選手被網球球迷辨認出的程度成為對於2004年和2006年賽績的一項較佳預測指標。

那如果我們對兩個選項都

我知道了!

熟悉呢？在這種情況下，你可以選擇在心中先想到的選項。這被稱為流暢捷思法。例如，研究者讓有經驗的手球球員觀看職業球賽的影片，並問他們是否有過某些特定情況（傳球、射門）。

平均而言，第一個出現在他們心中的選擇比他們之後花時間想到的好。同樣的效果也有出現在籃球球員身上。

運動員也用一種很常見的捷思法，稱為單一聰明提示。以一個棒球員的守備位

置為例，當他面對複雜因素時，例如球場風向，球的飛行軌跡，速度和旋轉角度，守備球員只是保持自己和棒球之間的固定角度。換句話說，他只是提示自己要盯著球。

就如同富蘭克林注意到的，捷思法有它的好壞。因為最快想到的或是最熟悉的選項而做出決定，並不代表它帶給我們最精確的訊息。許多我們感到熟悉的選項是因為它曾是引起轟動的或是令人害怕。人們得知樂透彩券出現中獎者時，同時也高估了中大獎的可能性。儘管在統計的結果中飛機出現意外的機率比汽車還低，人們仍然比較害怕搭乘飛機。當我們需要快速整合大量訊息時，無意識的決策判斷是最

運動員用心智捷思法來快速做出決定。

我們的想法可以因為轟動的或嚇人的訊息而出現偏見。

好的。當我們需要遵守嚴格規則和淘汰不可能性時，有意識的思考比較好。當需要在最複雜的情況下做決定時，這兩種技巧最好都能用上。研究發現，人在遇到複雜問題時，先用邏輯推理再考慮無意識偏好的人所做出的決定，會遠遠優於只用其中一種技巧的人。

淹沒的情緒

許多腦部的訊息處理發生在意識層次之下，這是因為我們如果有意識地注意到所有細節，我們將會不堪負

「憑藉他的天才，兩地相隔的人得以交談，毫不畏懼地在深海上航行。」

發明家雷金納德・費森登（Reginald Fessenden）的墓誌銘

1950年代的潛意識廣告是誇大其詞。

荷。這對情緒處理歷程來說也是一樣。在意識層次之下，我們的情緒會對環境做出反應，它們不需要知識就能驅動我們的行為和決定。

很多人都聽過市場行銷研究者詹姆士‧維克利（James Vicary）在1957年所做的實驗。維克利說，他在電影《野宴》（*Picnic*）的一場放映會上，每隔五秒就閃過一個3000分之一秒的訊息，包括「喝可口可樂」和「餓嗎？吃爆米花吧！」這速度遠低於有意識感知的極限。他宣稱可口可樂的銷售量因此爬升了18.1%，而爆米花的銷售量也爬升了驚人的57.8%。這份報告轟動一時。對爆米花販售者而言不幸的是，維克利的結果是造假的。沒有任何人能得到跟他一樣的結果。潛意識的廣告就是沒那麼有效。

然而，潛意識訊號卻可以透過許多方式來影響我們的情緒。正向或負向圖像以低於意識知覺的極限速度快速閃過，這可以改變人的情緒讓它變得更好或更壞。舉例

「用嬰兒車推著你到處走時，我也想了很多科學計畫！」

物理學家愛因斯坦給兒子漢斯‧阿爾伯特‧愛因斯坦 (Hans Albert Einstein) 的一封信

來說，有兩個實驗研究要求受試者評估他們對於中性圖像（從前沒有見過的中文符號）的反應程度。在每個圖像出現之前，會短暫地呈現一個開心或生氣的臉孔圖片，呈現的速度快到受試者並不知道有臉孔圖片的出現。快樂的臉孔會增加受試者對於這些符號的偏好，而生氣的臉孔會降低他們的偏好，甚至在受試者被告知有隱藏照片可能會影響他們的判斷時也是如此。

明確的潛意識信息（「喝可口可樂」）或許不是很有效，但情緒性線索絕對可以影響消費行為，尤其是顧客具有這樣的傾向時。當研究者向口渴的受試者快速閃過快樂、中性或生氣臉孔的潛意識圖像時，他們發現這些受試者並沒有報告任何情緒上的變化。雖然如此，看到快樂表情的人比其他人多喝

了百分之50的果汁調味飲料，而且還願意付雙倍的錢買這種飲料。

說我們有自己感受不到的感受，似乎有點矛盾。較精確的說法可能是，我們對自己所有的感受都有反應，但

我們只察覺到其中的一部分。從演化觀點來看。這是合理的。情緒是有用的生存工具，它會警告我們周遭環境有哪些改變，無論是好是壞，並引發一個適當的反應。我們害怕或不喜歡會威

脊我們的東西。我們喜歡對自己有幫助的東西，會受到它們吸引。但如同其他感覺一樣，若我們對所有的小事物都有情緒性反應，我們就會變成神經緊張。我們需要對環境做反應，但不需要過度反應。

創造性思考

哪一個字詞能與下列詞語配對成合乎邏輯的關係？「crab」、「sauce」和「pine」。

想想看你在思考這個問題時做了什麼。你是依序看著每個詞並系統性地完成每種配對的可能性嗎？還是你看著遠方，以自由聯想的方式來找出答案？研究者已經發現，當我們讓心智自由漫遊時，較有可能靈光一現——創造性爆發的意識。我們絕對可以經由系統性推理來解決問題，但我們也不該壓抑腦中豐富曲折的想法。它可能會毫不費力地向我們拋出「apple」這個字。

沒有人可以在一天之中時時刻刻都非常專心注意。試想在一個會議當中，你是否對每個字詞都注意呢？或許不太可能。無聊、分心和疲勞總是將心思推離目前的場景，讓我們進入自己設計的心理世界。這不見得是壞事。當我們的心智漫遊時，它可能正以新奇的方式在預設的心智網路中處理訊息。

心智漫遊可能是創造力的基礎元素。創造性的想法是原創、有新意且具有適應性的——以新的角度來看是實用的。它們不會無中生有。若不是特斯拉已經研究電子儀器多年，他也無法研發出感應馬達。但我們的預設網絡似乎用來發現並穩固那些已在我們腦中流動的訊息。一項對專業作家和物理學家的研究發現，他們有超過百分之40的創造力想法是發生在他們做與工作無關的活動時，或正在思考與主題無關

一些最好的想法都是出現在我們的心智漫遊時。

做白日夢
是重要的。

「為什麼大部分的兒童教育
似乎都在破壞有創造性的衝動？」

作家阿道斯・赫胥黎（Aldous Huxley）

的事物時。這些「啊哈！」的時刻並不一定比那些刻意沉思時的時刻更有創造性，但它們對於克服心智瓶頸可能更有貢獻。

當你讓心思出神漫遊時，你可能也促進了情緒，特別是你正辛苦做一件無聊的作業時。讓心智休息片刻的人會發現，這喘息的片刻能改善他們的觀點。

善用心智培育過程的最佳方法並非不做任何事，而是改做一些簡單的工作。在一個研究中，學生被要求解決一組創造性的問題。然後，他們被指派到下列四組的其中一組：困難作業、簡單作業、休息片刻、完全沒有休息。隨後，四組學生再回到第一階段去解答創造性問題。結果，被分派到簡單作業的學生再次試著解決創造性問題時，表現得比其他人好。一段溫和的心智活動時間成為想像力思考的培養箱。下次當你面對一個創造性的問題時，試著轉向一些不困難的活動，例如整理文件或到跑步機上走一下。看看你需要的答案是否會自動浮現。

晚上作夢就如同這種白日夢，注意力減退，心智漫遊在未知的道路上。雖然科學家對於夢境的意義和功能有不同的看法（見第九章，第261頁），但很多具有創造力的人都在他們的睡眠中找尋靈感。有些人甚至能像獲得恍然大悟的啟發，就像特斯拉在布達佩斯公園中的經驗。

例如，神經科學家奧圖・

休息片刻，讓創造性的活動促進你的工作表現。

勒維（Otto Loewi）描述一個非常有名的夢境啟發經驗。1920年，勒維研究神經訊號的化學傳導。在一個星期六晚上，他夢到一個能驗證這種傳導的實驗。「我醒來，打開燈並在一張又小又薄的紙上記下小部分的筆記，」勒維之後寫道。「接著我又睡著了。早上6點，我忽然想到我夜裡曾寫下一些至關重要的東西，但卻無法辨認我的潦草字跡。」隔天晚上，他絕望地睡去，結果又再度夢到了這個新實驗。這次他爬了起來，記住實驗程序並立刻前往實驗室來嘗試。這個成功的測試鑑別出了化學傳導物質乙烯膽鹼和腎上腺素，後來讓勒維贏得了諾貝爾獎。

勒維的夢所帶來的效果不止於此。在勒維之後的一個世代，紐西蘭物理學家約翰·艾可斯（John Eccles）也研究神經傳導物質。他對電子訊號如何在細胞間傳遞的理論也是在他夢見的。「清醒後我想起勒維差點因為失去夢境內容而造成天大的損失，所以我讓自己保持一小時的清醒來釐清夢的內容，並發現這符合所有的研究證據，」艾可斯寫道。結果他也獲得了諾貝爾獎。就算是我們這些不可能得諾貝爾獎的人，寫夢境日誌、記下我們夢裡的想法（要寫清楚！）也可能帶來創造性的新發現。

焦點

吉他盒和孔雀尾巴

以下誰最性感：吉他手、運動員、還是路人甲？

為了測出答案，法國研究者在一座中型城市派出一名年輕帥哥，讓他拿著吉他盒、運動包、或是什麼也不拿地走上大街。他帶著微笑找年輕女性搭訕：「哈囉，我叫安東尼。我只想告訴妳，我覺得妳非常漂亮。我今天下午要去工作，我在想，不知道妳能不能給我妳的電話號碼呢？我稍後會打給你，我們可以去喝一杯。」

當「安東尼」手上提著吉他盒時，有將近三分之一的年輕女性把自己的電話號碼給了他。反之，只有百分之14的女性願意把電話號碼給兩手空空的安東尼，而他拎著運動包時，這個數字更是降到百分之9。

創造力讓人性感嗎？女性是否將此視為演化優勢的標誌？達爾文時代的研究者就已經推測，創造力有如孔雀的尾巴：在充滿競爭的性選擇領域中是健康的指標。就像鮮豔的羽毛代表雄孔雀具備多餘的資源，創造力也代表一個人擁有基礎能力以外的心智能力。

有創造力的人，特別是有藝術有創造力的人，提報的性伴侶數量比其他人多。然而，我們傾向偏愛跟自己有相同興趣的人，所以重視技術創造力的男男女女會選擇具備那種能力的伴侶。至於那些拎著運動包的運動員——他們可能會想把運動包換成吉他。

》創造性的人，創造性的過程

波西米亞風格、龍飛鳳舞

嘗試一些
藍天般有創意
的思考。

的藝術家這個刻板印象並沒有錯。一般來說，有創造力的人通常對新的經驗較開放、有彈性、勇敢、獨立且不傳統。這對藝術家來說尤其正確，對科學家而言則較不是如此，但就算是有科技創造力的人，也比平常人開放獨立。幽默感也和創造力有關。幽默和有創造力兩者都涉及愛玩、新奇，以及在概念之間建立驚人聯結的能力。研究顯示，幽默本身就

創造力
在性選擇中
是個受歡迎
的要素。

是一種創造的過程。有趣的人通常是有創造力的，雖然反之不一定成立：有創造力的人不見得都很有趣。

　　無論你認為自己是否有藝術天賦，你都可以藉由了解創造過程如何運作來培養你的創造力。第一條規則是：不要等著靈感來臨，因為靈感是在有創造力的想法出現

焦　點

腦力激盪有用嗎？

腦力激盪會議是辦公室必有的活動。當需要解決一個問題、開始一個計畫、規畫一個活動時，一定是：集合團隊，進行腦力激盪！腦力激盪是廣告執行長官艾力克斯・奧斯朋（Alex Osborn）在1948年出版的書《你的創意力量》（Your Creative Power）中開始普及的一種商業技術。他提出，這個方法成功的關鍵是正向、任何想法都能接受。「創造力就像一朵嬌弱無比的花，讚美能讓它開得更好，而挫折通常會扼殺它。」在接下來的幾十年中，這種永不說不的腦力激盪在大小企業中散播開來。

然而，如作者喬納・萊勒（Jonah Lehrer）所言：「腦力激盪有一個問題。那就是它根本沒用。」接二連三的研究顯示，平均而言，團隊得到的想法比個體獨立得的想法還少。此外，由完全正向團隊思考經驗所得的想法，通常會集中於一種解決方式，而不會有創意地分歧。這種典型的腦力激盪會議，其實會壓抑有創意的想法。

團隊思考的擁護者也不必害怕。把不同觀點的人湊在一起，並確保他們經常相互交流，可以促進創造性的想法。開會時應當丟棄「不能批評」的規定，允許健康的辯論。公司應該鼓勵大家自行腦力激盪，然後再把所有的結果整理出來。

後才會來臨，而非之前。你一旦有了一個有創造性的想法，靈感就會來實現它。而靈感本身可以由三種形式產生：超越、召喚，和接近動機。超越讓一個人在他的創造性概念中看見超越原型概念的可能性。召喚是被另一個創造性的想法或舉動激發出靈感。接近動機是渴望照著有創造性的想法來做，以表達它或將它實現。有創造力的人受到啟發，通常是從一個想法開始（這想法可能是從別人身上得來的），然後看出它的潛能，並想將它付諸行動。

雖然這似乎違反直覺，但創造的過程在有所約束的情況下才能成長發展。給人一張白紙，告訴他可以用它做任何事，大多數人都會感覺迷失，並傾向重複自己過去做過的事。有所約束才會有方向感和可能性。知識就是其中一種約束。一位創造者必須在自己的領域中有一些知識技能——就算擁有全天下的才華，一個從沒受過訓練的雕刻師也不可能變成米開朗基羅。創造者也會被腦中的一些限制所約束，因為就算是最聰明的人也只能處理那麼多的訊息。創造者也會因變動的需要而受到約束：一個具有挑戰性的作業可能會刺激較多原創的想法而非重複的想法。創造者也會受到能力上的約束。有些人就是比其他人更有天賦。

那麼情緒呢？像貝多芬一樣眉頭深鎖地埋頭苦幹能促進創造力嗎？還是我們應該像富蘭克林一樣積極正向？結果是兩者皆是。負向情緒似乎能促進專注力、提升執

創造力需要方向感和可能性。

行上的精確度，特別是作業本身需要嚴肅看待時。如果任務被認為是有趣好玩的，那麼會促進創造力的就是正向情緒。

貝多芬的憤怒和絕望符合藝術家的瘋狂形象。這種刻板印象是有些事實根據的。在很多藝術家身上，創造力與創傷性和情緒性疾患相關，但這也可能是幫助那些藝術家超越煩惱的救生衣。天資聰穎的人通常來自有良好教養的家庭，但有高度創造性的人通常有著痛苦的過去。他們可能是問題婚姻底下的孩子、在童年時失去了一位或兩位父母，或是曾經遭受過其他的壓力經驗。他們天生的才能可能讓他們得以起而對抗人生的挑戰，並變得有生產力。

缺乏潛抑的調節會讓精神分裂症患者出現心理缺陷，但在一般人身上卻可能有正向的作用。患有注意力疾

梵谷（Vincent van Gogh）的心智疾患推動了他的藝術創作能力，例如他偉大的作品〈星夜〉就是他在精神病院時畫的。

典型的腦力激盪會議其實會抑制有創造力的想法。

患／過動症（ADHD）的人通常在標準測驗中表現得比一般人差，但他們在與創造力有關的實驗測量中評分較高，且可能完成比其他人更多的創造性工作。情感性疾患（如憂鬱症或躁鬱症）會造成許多傷害，但在作家和藝術家身上卻比在一般群眾身上還常見八到十倍。患有躁鬱症的德國作曲家羅伯特·舒曼（Robert Schumann），在躁期和鬱期症狀之間反覆循環，嚴重到導致他產生幻覺、跳橋自殺未遂。他在躁期完成的作品是鬱期的四倍。然

而，大多數音樂家都認為，他作品的品質並未隨著數量而提高，他在鬱期寫出的音樂，被認為與他在躁期產出的音樂一樣好。美國詩人西奧多·羅特克（Theodore Roethke）是一名患有躁鬱症的作家，他某些最好的作品都是在他崩潰之後寫成的。其中一首詩這麼開始：「在

貝多芬（Ludwig van Beethoven）

「想像力

比知識更重要。」

物理學家亞伯特・愛因斯坦（Albert Einstein）

黑暗的時期，眼睛會開始看見。」

我們當中很少人擁有舒曼或羅特克的天才或狂熱，但我們所有人都有創造力或求知的能力。如果我們得知自己的能力，我們就可以培養它們。了解自己的智力——分析的、實用的、和創造性的能力組合——有助你找到達成目標的最佳途徑。開發心智中隱藏的資源和它創造聯結的能力，可以幫助你找到已知卻常常忽略的答案。當我們讓心智偏離理性分析的軌道，挖掘出更深層的、看不到的聯結，我們也可以帶出自己的天賦。

觸及心智中隱藏的資源，可以釋放你未開發的能力。

>> 第六章 <<

你的驅力是什麼？

2015年1月14日，兩位美國攀岩者隨著岩壁邊緣攀爬而上，並勝利地站在優勝美地國家公園中具有指標性的景點酋長岩（El Capitan）頂部。他們剛剛完成徒手攀登黎明之牆（Dawn Wall）的創舉。這是一座

3000英呎高、陡峭難攀的花崗岩，他們僅使用手臂和腳的力氣來攀登，只有當他們跌落時才會用繩索來確保安全。湯米·卡德維爾（Tommy Caldwell）和凱文·喬治森（Kevin Jorgeson）花了19天在一個又一個細如髮絲的岩石裂縫間攀爬。這座岩牆的每個間隔或繩距都存在著挑戰。在一個艱難的繩距間，喬治森跌落又攀爬，接著再度跌落，就這樣連續十天。攀岩者的手指流血、肌肉痠痛，但這兩位男性仍然堅持著，

這個準備了七年的攀爬計畫終於在一個晴朗的午後順利達成。是什麼驅動著這兩位攀岩者嘗試如此困難的壯舉？他們為何會成功？人格心理學家可能會說他們具有外向、情緒穩定和開放的人格特質。研究動機的學者會認為他們具有藉著新的經驗和活動來達成目標的動機。研究自我控制的學者會同意，那些攀岩者絕對擁有如天一般高的毅力或膽量。

我們很少人有這麼明確被定義的時刻。但所有人都由每天所做的事，以及與他人

或環境互動的方式來定義自己。我們的人格特質是由我們的驅力、動機和堅持目標的意願來塑造。這些人格特質、動機和驅力組合起來，便是一個獨特的身分。

人格

有數以千計的形容詞是用來描述人格特質的。社交的、善良的、有耐心的、粗魯的、懶惰的、冷漠的。20世紀的心理學家試著整理與人格有關的散亂概念，並開始測量各種形容詞之間是否存在相關性。多話

數以千計的形容詞與人格特質相聯結。

的人比較可能被形容為武斷的。情緒不穩的人通常較無安全感。研究者以形容詞類聚集的傾向辨別出五種廣泛的人格特質,通常稱為五大性格特質(Big Five):開放性、自覺性、外向性、親和性、神經質。

每種人格都是這五種性質的混和體。每種特質的測量分數都可能由極低到極高。有親和性高的人可能會被形容成富有同情心、善良,親

和性低的則可能是嚴苛或易怒。這些評分不一定相關:一個難相處的人可能有高度的自覺性,一個害羞的人也可能對新事物十分開放。

當人格特質評分應用於群

人格特質可以預測健康結果。

體時,五大性格特質可被聯結到某些行為和特定的人生結果。但最重要的是了解這個評分的極限。它無法預測個體在任何特定情況下的反應,或是形容人格的微妙變動。它們代表廣泛的類別,而非個體的人生歷史。

不論是哪個群體,人格特質一直都能用來預測健康結果。不意外,高度自覺性與健康和壽命有強烈關聯。在這個類別得高分的人 較能遵

從健康飲食、使用安全帶、較少吸菸或大量飲酒。高外向性的人有好的社交網絡，這對健康有正面影響，但他們也較有可能過度吸菸飲酒、有高危險的性行為。高度親和性的人較容易喝酒超過平均量，但低親和性的人較容易有心血管疾病。容易焦慮、高度神經質的人通常比較不健康，從飲食疾患、藥物濫用到耳鳴都有可能發生。

≫ 開放性

開放性特質反映出找尋新體驗和知識的傾向。高度開放性的人容易接受新想法，比其他人更可能去藝廊或演唱會，單純為了學習某些新事物而學習，且願意嘗試新食物，或只是為了一些新意而重新整理生活空間。在某種程度上，這個因素與智力和教育相關，所以一些心理學家認為它應該被分為兩類：智力和對經驗的開放程度。然而，開放性是對於一個人心智生活廣度和原創性的基本測量。

問問你自己

人格盤點清單

你的五大人格特質落點在哪裡？在下列陳述中選擇一個數字來表示你同意或不同意的程度。這些分數結果會顯示你的落點，分數從低到高為1到7分：

我認為我自己是：

1. _____ 外向的，有熱情的。
(1 = 強烈不同意 2 =中度不同意 3 = 稍微不同意 4 = 無法判斷同不同意 5 = 稍微同意 6 = 中度同意 7 =強烈同意)

2. _____ 緊張的，易爭吵的。
(1 = 強烈不同意 2 =中度不同意 3 = 稍微不同意 4 = 無法判斷同不同意 5 = 稍微同意 6 = 中度同意 7 =強烈同意)

3. _____ 可靠的，自我節制的。
(1 = 強烈不同意 2 = 中度不同意 3 = 稍微不同意 4 = 無法判斷同不同意 5 = 稍微同意 6 = 中度同意 7 =強烈同意)

4. _____ 焦慮的，容易沮喪的。
(1 = 強烈不同意 2 = 中度不同意 3 = 稍微不同意 4 = 無法判斷同不同意 5 = 稍微同意 6 = 中度同意 7 =強烈同意)

5. _____ 對新體驗保持開放的，複雜的。
(1 = 強烈不同意 2 = 中度不同意 3 = 稍微不同意 4 = 無法判斷同不同意 5 = 稍微同意 6 = 中度同意 7 =強烈同意)

6. _____ 保守的，安靜的。
(1 = 強烈不同意 2 = 中度不同意 3 = 稍微不同意 4 = 無法判斷同不同意 5 = 稍微同意 6 = 中度同意 7 =強烈同意)

7. _____ 有同情心的，溫暖的。
(1 = 強烈不同意 2 = 中度不同意 3 = 稍微不同意 4 = 無法判斷同不同意 5 = 稍微同意 6 = 中度同意 7 =強烈同意)

8. _____ 雜亂無章的，粗新的。
(1 = 強烈不同意 2 =中度不同意 3 = 稍微不同意 4 = 無法判斷同不同意 5 = 稍微同意 6 = 中度同意 7 =強烈同意)

9. _____ 冷靜的，情緒穩定的。
(1 = 強烈不同意 2 = 中度不同意 3 = 稍微不同意 4 = 無法判斷同不同意 5 = 稍微同意 6 = 中度同意 7 =強烈同意)

10. _____ 套用常規的，較無創造性的。
(1 = 強烈不同意 2 = 中度不同意 3 = 稍微不同意 4 = 無法判斷同不同意 5 = 稍微同意 6 = 中度同意 7 =強烈同意)

結果：
外向性：問題1和6加總後除以二
親和性：問題2和7加總後除以二
自覺性：問題3和8加總後除以二
情緒穩定性（低神經質）：問題4和9加總後除以二
開放性：問題5和10加總後除以二

試試看

義大利麵與磚頭

創造力通常與開放性特質有關。和朋友一起試試看這兩個簡單的創造力活動，看看你做得如何。

1. 常見的義大利麵名稱包括：spaghetti、tortellini、fettuccine、ravioli、manicotti。你可以為義大利麵發明多少有創意的名字？在一分鐘之內，把你能想到的名字都寫下來。

2. 你可以為一塊磚頭找到多少用途呢？在一分鐘內，把你能想到的都寫下來。

答案：
有關義大利麵的問題，不以字母 i 結尾的名字，通常被認為比較有創意。你們各寫出了多少不同的名字？

至於磚頭的用途，比較有創造性的答案會比較有變化、比較令人驚訝、比較仔細。你們各自寫下幾個用途？它們多有創意？

高度開放性預測的事包含完成較多年的教育、在藝術工作上較成功、在州與州之間移動性較高，甚至較有可能擁有刺青。高度開放性的人也有是患有躁鬱症的高危險群。他們比起別人有著較鮮明的夢境，也較有可能記得他們的夢。

得分較低的人在政治立場上較保守。有高度開放性的人較有改變的意願，雖然他們也會因為這些改變遭受更大的壓力。

》自覺性

身為一種人格特質要素，自覺性就和字面上聽起來的一樣。高度自覺性的人是勤勞、有組織、可靠的。他們有傑出的控制衝動能力。有自覺的人通常比其他人更有可能為了考試而讀書、鋪床或事先計畫。在自覺性獲得高分的人通常被預測在學校的課業成績較好、工作上較成功、較健康、甚至更長壽。然而，高度自覺性的人也可能較沒有彈性或較有強迫性。

我們的性格有大約百分之50是取決於基因。

在自覺性獲得低分的人通常是衝動、雜亂無章、不願意事先計畫的。他們通常在學校或工作表現較差。自覺性低分的人與較差的健康習慣也有關聯，如吸菸、藥物濫用、和較差的飲食與運動習慣。這些人有可能放縱自己進行危險的性行為、追求多重伴侶。不意外，賭徒和罪犯在自覺性的分數特別低。

雖然極端高的自覺性可能有害，但通常來說，高度自覺的人人生會較為平順、健康、成功。

》外向性

卡爾‧榮格對大眾引進了「外向」和「內向」這兩個

在開放性評量中獲得高分的人較可能有刺青。

術語，如今這些詞彙仍普遍被用於形容兩種相反的人格類型。今日，多數心理學家都認同一種外向性的評量，包含了沉默孤僻的人和光譜

你不可以總是由外表來判斷一個人的人格。

另一端的派對咖。在外向性獲得高分的人享受社會注意力、有強烈的正向情緒。（在一個核磁共振造影的實驗中，對有高度和低度外向性的人呈現小狗的照片，高分的人比低分的人顯示較多

的腦部活動。）他們通常較活潑多話，比其他人更容易透過搭訕來追求伴侶，也更傾向在工作中擔任領導的角色。低分的人通常較安靜、不怕獨處，情緒上也較溫和。

高度外向的人雖然較擅於社交，但卻不一定討人喜歡。外向的人也可能有盛氣凌人且不親切。他們較容易犧牲人身安全或穩定來尋求刺激。一個研究顯示，外向的人較可能因為一邊開快車一邊聽音樂而發生車禍。

內向性有它的優點：內向的人可能較懂得傾聽他人，且擅長獨立作業，能想出許多周到的解決方式。最出名的外向者比爾‧柯林頓成了美國總統，但出了名的內向者亞伯拉罕‧林肯也是美國總統。內向的人可以利用他們的獨立性、深思熟慮、冷靜和穩定的天性來達成與外向者一樣的成就。愛因斯坦、牛頓和艾略特（T. S. Eliot）都是內向的。比

外向的人享受社會關注並通常較活潑且多話，偶而會見到極端的情況。

爾‧蓋茲和J．K．‧羅琳也是。具有創造性的內向者可以有效利用獨自安靜時的工作能力。具有創業能力的人通常獨立工作較好，能在不受人群影響的情況下向新方向發展。當他們有所貢獻時，內向者不一定需要躲避公眾的注意。梅莉‧史翠普和哈里遜‧福特通常被認為是能將螢幕形象人格與私人生活分隔開來的內向者。

》親和性

和自覺性一樣，親和性也是看字面就知道意思。在親和性獲得高分的人較能合作、有同情心、信任別人，也較謙虛。他們會躲避衝突

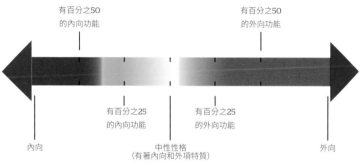

性格的連續光譜

有百分之50
的內向功能

有百分之50
的外向功能

有百分之25
的內向功能

有百分之25
的外向功能

內向

中性性格
(有著內向和外項特質)

外向

和敵意。高度親和性的人對他人的感覺是敏感的。他們通常會說別人的好話、把東西借給需要的朋友、並在他人感到沮喪時安慰他們。他們較有可能捐款給慈善團體。當義工的人通常是高度親和性和高度外向性的組合。高度親和性的人也較擅長團體工作，也能成為較成功的政治家。

親和性評分較低的人，從冷漠到具有侵略性乃至充滿敵意。他們較有可能逞凶鬥狠。家中若有個低親和性的人，可能就會有很多摔門、大嚷和握緊拳頭的情況。低親和性的人與晚年的心血管疾病有關。

高度親和性的人是友善且可信的。

》神經質

在五大人格特質中，神經質通常被稱為情緒穩定性。在神經質獲得低分表示你通常在情感上是平衡的，不會太擔心或被生活事件搞得壓力太大。高分的人是容易擔心的人：情緒變化大且焦慮。他們對負向事件反應強烈，且持續懷疑自己的行動

「人類可以藉由改變他們對於心智的態度來改變生活。」

心理學家 威廉・詹姆斯（William James）

和能力。比起其他人，高度神經質的人人際關係和工作都較不穩定。（需要注意的是，在神經質獲得高分的人並非有精神疾患。對心理學家來說，「精神官能症」是強迫症等心理疾患的一個過時字眼。）

高度神經質與恐懼症、危險行為、疲倦和不健康相關。他們更容易擔心健康問題，但矛盾的是，他們雖然常去醫院，卻無法維持健康。有壓力的生活經驗，如親人過世，較有可能對他們

自我控制可以感覺像是肌肉一樣；在運動過後會疲累。

造成情緒創傷。以憂鬱症而言，高度神經質是一個重大的危險因子。

神經質難道沒有任何好處嗎？研究顯示，人的神經質程度為適當偏高時，比其他人更能實際地評估問題或潛

在危險。樂觀的看法並非總是最合理的那一個。

一些科學家認為，高度神經質的人邊緣系統（大腦皮質下與情緒相關的腦部結構）很容易受到激發。神經傳導物質是透過腦細胞傳遞訊息的化學物質，神經傳導物質的分泌程度似乎也會根據人格特質的不同而有所變動。已有研究顯示，單胺氧化酶（monoamine oxidase；MAO）這種用來分解神經傳導物質的酵素，在追求感官刺激的人身上比較

高度神經質的人容易情緒不穩並且會焦慮。

少。也許這些狂野的派對動物和開快車的人，擁有的神經傳導物質已經多得不安全了。

了解自己在人格特質評量中的落點有助你接受和改變。例如，你若了解自己天生內向，你可能會停止因為躲避大型聚會而責怪自己，並開始欣賞內向的優點。若你對不擅長社交生活感到不開心，你也可以告訴自己，自知之明是改善的第一步。你的行為模式並沒有什麼是固執而無法改變的。你可以認識你的本性，並有意識地逐步重新引導行為模式。

》繼承而來的人格

人格是從何而來的呢？大多數人認為是撫養他們的父母，無論父母鼓勵或不鼓勵他們，家庭動力都會塑造他們的特質。然而，人格研究指出另一個不同的面相──基因遺傳。雙胞胎的研究證明了這一點。

同卵雙胞胎十分罕見，大約1000個嬰兒中有三個。同卵雙胞胎在出生後立即分開

容易感到壓力的人可能有著過度活躍的邊緣系統。

由不同的家庭扶養長大更是稀少，但科學家為了解先天和後天的影響，非常希望可以找到這樣的同卵雙胞胎。

以一對有名的雙胞胎為例：吉姆雙胞胎（Jim Twins）。他們在1939出生後就被不同的家庭收養，兩人都名叫吉姆，在1979年恢復

連絡。他們生理上相似，兩位都是六呎高，體重180磅。他們的人格特質和人生故事也像得驚人。成長的過程裡，兩位都曾養過名叫「陶伊」的狗。兩位都曾結過兩次婚，第一任妻子叫琳達，第二任叫貝蒂。兩人都抽Salem牌的煙，都喝米勒淡味啤酒。他們都曾當過兼

同卵雙胞胎的研究顯示人格是以遺傳為基礎的。

形——可以藉由很多微小的行為和習慣來表現，很難相信它是由我們的基因傳遞，但人格特質中大約有百分之50的變異，實際上是來自於基因遺傳。不僅不同家庭扶養的同卵雙胞胎人格高度相關，相反地，被領養的小孩與領養家庭的兄弟姊妹或養父母之間並沒有人格上的相關。

若說百分之50的人格是遺傳的，那就表示另外百分之50是來自環境。一個合乎邏輯的觀察地點就是共享的家庭環境：多數人會同意，他們的人格是教養環境塑造出來的。出乎意料的是，這個說法尚未被研究證實。共享環境似乎對基本人格特質影響較小，這點從被領養的兄弟姊妹缺乏相似人格特質就可以看得出來。出生順序對

職警長，都喜歡在家做木工、咬指甲，也都曾在家裡留情書給妻子。兩位各有一個兒子，一個叫詹姆士・艾倫（James Alan），一個叫詹姆士・愛倫（James Allan）。標準測驗確認了傳聞中的觀察，兩位男性的人格非常相似。

吉姆雙胞胎只是一個例子，可能只是巧合而已，但一般民眾的實驗研究中也確認了人格和智力是高度遺傳的。人格似乎非常無

成人的人格特質也沒有太大影響。當兄弟姊妹在自己家裡互動時，確實可能出現飛揚跋扈的老大和不負責任的害群之馬老么等不同類型。然而，這並無法決定他們在家庭外的人格和成就。例如，老大們在學校的表現並沒有特別優秀。

那麼，不是遺傳而來的百分之50到底是什麼？我們並不知道。非共享的環境，如同儕團體，可能有強大的影響，也或許還有其他微妙的因素。當然也非常有可能只是我們對人格形式知道得不夠多罷了。

≫ 動機

人格特質引導我們與世界的互動，但還有其他方式能了解我們為何正在做這些事。我們都有需求和渴望，從這些湧現的動機，我們（經常隱藏）為了達成完成目標的理由。

我們受基本需求所驅動。如我們在第一章看到的（見第33頁），演化過程為我們建立了階層性的行為動機，範圍從立即的生理需求，到渴望獲得伴侶和孩子的安全感需求。飢餓動機是源於我們對食物的需求，這驅動我們的行為朝向獲取食物或至少想到食物。成就感也是一種動機，是基於對成功或勝任工作的渴望，這會驅動我

焦點

模糊測驗

心理學家、人類資源管理者、檢察官和一些其他專業的人使用心理測驗來評估許多事，包括一個人對特定工作的適合度到犯罪性的精神錯亂等。然而，這些測驗中最常被使用的羅夏克墨跡測驗（Rorschach inkblot test）和邁爾斯－布理格斯性格指標（Myers-Briggs Type Indicator），大概只比用有趣的方式來打發時間好一點。

由瑞士心理學家赫爾曼・羅夏克（Hermann Rorschach）的墨跡評估是一個經典的投射測驗。一個人如何解釋一個模稜兩可的圖像被認為是能揭露他的人格和隱藏情緒。這個結論聽來蠻合理的，因為一位在圖像中看見死去親人的人，與另一位看見一朵花的人代表他們有不同的心理問題。但是實際上羅夏克墨跡測驗並不算是科學的方法。因為它的高度主觀評分和不真實的統計信度或認證，讓這個測驗僅能提出參考意見，而非能夠預測廣泛的人群。

普遍被使用的邁爾斯－布理格斯性格指標（MBTI）也受到了來自研究者的抨擊。它的發明者凱薩琳・布理格斯（Katherine Briggs）和她的女兒伊莎貝爾・布理格斯・邁爾斯（Isabel Briggs Myers）並沒有接受過科學訓練，而是根據她們對於卡爾・榮格人格理論的解釋做為測驗的依據。邁爾斯－布理格斯性格指標使用是非題來將人格依照內向/外向、直覺/感覺、思考/感覺、以及理性判斷/感性覺察等面向分為16種組合。對於邁爾斯－布理格斯性格指標的批評指出是非題的型式和抽象分類創造出一個錯誤的二分法。一個人將被評估為內向或外向、理性或感性，但不會落在兩個標籤之間。而且，邁爾斯－布理格斯性格指標容易變動，高達百分之50的人做了兩次測驗會得到不同的人格類別的結果。儘管這個指標在全國各地的工作場所被廣泛使用，這個測驗也不會對於工作成功有很好的預測。職業顧問很流行使用這項測驗，但若你做此測驗，請不要完全相信它。

建立關係是一種基本的人類需求。

們去接受有挑戰性（但並非不可能）的活動。

從最基礎的層次來看，每個人都可以有兩種初級動機。一是趨近渴望的結果，另一是躲避不想要的結果。

我們趨近愉悅和躲避痛苦並不是新聞，但追求正向或躲避負向事物的程度因人而異，也和人格特質相關。較外向的人較有趨近導向的氣質；高度神經質的人較有躲避導向的氣質。

許多社會選擇突顯了趨近或躲避傾向。我們知道建立關係是一種基本的人類需

人會被成就感所驅動。

求，而被拒絕是痛苦的（見第四章）。嘗試建立關係時，一個趨近導向的人可能會在派對上與陌生人聊天，一個躲避導向的人會因為害怕遭到拒絕而對同一位陌生人轉身離去。趨近或躲避導向描述了我們如何解釋社會場景。例如，一個研究的受試者讀了一篇有關一個星期六夜晚派對的文章，接著被要求根據記憶重新寫出一篇短文。那些具有社會趨近導

向的人記得較多故事中正向的互動，而那些具有躲避導向的人在重寫故事時會帶著負向的語氣。

趨近和躲避也影響了親密關係裡的選擇和酬賞。比起用犧牲來避免衝突或失望的人，會為取悅伴侶或提高親密感而為伴侶作出犧牲的人，對自己的親密關係比較滿意。

當趨近或躲避對追求生活

目標產生影響時，這些動機通常會被稱作促進或預防。促進牽涉到往一個正向酬賞移動，它著重於成就、成長和完成。一個促進導向的人可能會為了一場馬拉松賽而開始練習跑步。另一方面，預防則牽涉到躲避一個負向結果，它著重於安全和保障。一個預防導向的人可能因為要躲避生病而開始跑步。促進導向的人在追尋一段新關係時會尋找和自己匹

被外在目標所驅動的人不如其他人快樂。

配的人，預防導向的人則會躲避和自己不匹配的人。

成功和失敗的結果會因為人著重的事物而喚起不同情緒。成功會讓促進導向的人開心，失敗會讓他們難過。預防導向的人成功時會覺得冷靜，失敗時則感到焦慮。你對成功的反應透露了你著重於哪個導向。當你成功時，你感到歡欣、充滿活力、興高采烈嗎？那是促進導向的特徵。另一方面，如果你覺得鬆一口氣、放鬆或少些焦慮，那就代表你著重於預防導向。

文化會影響你的觀點。來

我被錄用了！

自較多集體主義文化的東亞人通常著重預防導向。他們想要躲避失敗、不讓家人朋友失望。來自較多個人主義文化的西方人通常著重促進導向。他們較可能追求成功和自我進步。

促進和預防取向皆可能導致成功或失敗。例如，有強烈促進導向的人較不會犯忽略的錯誤，而有強烈預防導向的人較不會犯委託的錯誤。想像教室裡有兩個人：積極態度的學生可能會舉手回答每一個問題，雖然有幾個錯誤的答案，但也有很多正確答案。機警預防的學生可能只在他對自己答案有信心時才舉手回答：他躲避犯錯，但也不會回答很多正確的問題。了解動機能幫助你在解決問題時選擇最佳策略，並讓你更有參與感。人

對不同取向的環境感覺敏銳。例如，在一個研究中，學生被指定促進導向的情境：一個學生想要早起參加早上8點一堂有趣的心理學課程，和一個預防導向的情境：一個學生想上一堂攝影課，所以得避免在同一時間安排西班牙語課。實驗結果顯示，具有促進導向的學生較清楚記得促進導向的情境內容，而預防導向的學生較能記得預防導向的情境內容。

一般而言，促進導向的人最後能獲得較大的幸福，也對問題解決有較大的創造力，但同時促進導向也會在失敗時造成較大的失落感。你能有意識地藉由設定正向的激勵和線索來激發自己或他人的促進導向。一

個孩子如果得到好成績就能去看電影作為獎賞，但成績不好也不會受到懲罰，那麼他的重點就會放在促進導向。比起預防導向的孩子（得到好成績沒有獎賞、成績不好還會被沒收手機），促進導向的孩子最後在學校的表現可能會比較好。同

「人類天生的可能性

通常被低估了。」

心理學家 亞伯拉罕·馬斯洛（Abraham Maslow）

了解自己的動機能幫助你達成目標。

時，讓目標符合自己的價值觀，也更能為你提供促進導向的動機。比起只想交差了事，如果你想完成一項任務是因為它反映你的核心價值，那麼你就會做得更好。

》表現與精通

趨近和躲避或促進和預防可能激勵我們朝向目標，但我們所尋求的目標類型也會塑造我們的身分。一般來說，我們可以說是在追求表現或是達成目的。你可以很容易在學校教室裡看到這個現象，例如一個學生最在意考高分，而另一個學生並不在意成績，只要求有信心能精通教學內容。表現目標是向他人證明自己的才幹，而精通目標則是自我滿足。

在成績表現和工作職稱象徵著成功的世界裡，很難維持精通目標的自我滿足，雖然精通目標比較能促進未來的成功。具有自我滿足動機的學生（「我想在這堂課上學得愈多愈好」）比較能多付出一點在他們的工作上，且在面對挫折時展現較大的毅力，在學習時有較多的自我控制並較能保存資訊。他們會在需要時尋求幫助，且

「無聊人，名詞：當你希望他傾聽時，他卻講個不停。」

諷刺作家 安比羅斯・比爾斯（Ambrose Bierce）

可以克服沮喪。舉例來說，一個研究要求兩組受試回答有關一篇心理學文章的問題。一組受試者需要以精通目標的原則回答問題：「你在此是為了獲得能有助於你的新知識。」另一組受試者需要以表現目標的原則回答問題：「你來此是為了在選擇題中得到好成績，用以證明你的能力，展現你的才能。」接著，每個受試者都會有一位遠距離的伙伴，透過電腦一起答題，答案事先就已定好，有的與受試者相同，有的則不同。精通目標原則的受試者較不會被同伴的反應影響，也做得比較好，而表現目標的受試者則被同伴的負面回饋影響，陣腳大亂。

精通目標是令人渴望的，但你就算沒有也不必假裝你有。如果一個人支持精通目標是因為這會讓其他人對他刮目相看，那他的表現還是比不上那些真正追求精通的人。

》多重動機

很多人類行為學的學生企圖去定義和命名一定範圍內有關人類的動機。多數人同意他們擁有生理驅力和情緒驅力，這些動機的強度是因人而異的。經過上千人的調查後，心理學家史迪芬　瑞斯（Steven Reiss）提出人類擁有16種基本動機來組織我們的生活，且當我們達成基本動機的需求時，都會出現內在的正向感覺。它們是：

- **權力**：對影響的渴望。感覺：功效。
- **好奇心**：對知識的渴望。感覺：奇妙。
- **獨立感**：對自主性的渴望。感覺：自由。
- **地位**：對社會地位的渴望。感覺：自我重要性。
- **社會接觸**：對同儕的渴

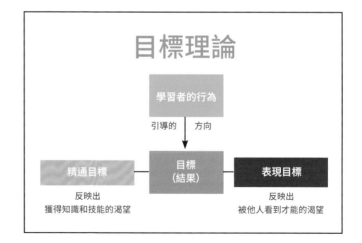

目標理論

學習者的行為

引導的　方向

精通目標　　　目標（結果）　　　表現目標

反映出
獲得知識和技能的渴望

反映出
被他人看到才能的渴望

「我可以跟你保證，沒有人
會料到相似度會那麼高。」

心理學家湯瑪斯‧布查德(Thomas Bouchard)，雙胞胎研究的主任

望。感覺：有趣。

‧ **復仇**：對得到公平的渴望。感覺：證實。

‧ **榮譽**：對服從傳統道德編碼的渴望。感覺：忠誠。

‧ **理想主義**：對改善社會的渴望。感覺：同情。

‧ **生理運動**：對活動肌肉的渴望。感覺：有活力。

‧ **浪漫感**：對性的渴望。感覺：情慾。

‧ **家庭**：對扶養自己孩子的渴望。感覺：愛。

‧ **順序**：對組織的渴望。感覺：穩定感。

‧ **吃食**：對吃東西的渴望。感覺：飽足。

‧ **接受**：對贊同的渴望。感覺：自我信心。

‧ **平靜**：對躲避焦慮或害怕的渴望。感覺：安全、放鬆。

‧ **節省**：對收集或節儉的渴望。感覺：所有權。

這些動機對每個人和每種情境的重要性都不同。每個人都在尋求適合自己的平衡。葛洛莉亞對社會接觸的渴望可能是高的，不花幾個小時與朋友在一起，就不會

我是誰？

感到滿足。若丹尼爾的社會渴望是低的，他可能只需要30分鐘就滿足了。過多的社交活動讓他需要獨處時間來補償。根據瑞斯的看法，這些渴望動機組織了我們的生活。我們注意那些在環境中能夠滿足我們渴望的東西，而傾向忽略那些不會滿足我們的東西。

》內在和外在動機

如果我們正在尋求更令人滿意的生活，通常動機來自於自己（內在動機）時比動機來自於外界（外在動機）時表現好。

這兩種動機的差異可以用一個共通的問題來突顯：「你是為了工作而活，還是為了活而工作？」如果我們工作是因為它帶給我們生活的意義，那麼我們的動機就是內在的。如果我們工作是因

© Randy Glasbergen
glasbergen.com

GLASBERGEN

「我在家的時候都在想著工作。我在工作的時候都在想著家。
在家和公司之間的路上，我都不知道要想什麼了！」

為它為我們的生活帶來錢財，那麼我們的動機就是外在的。這些標籤都能應用於追求一個目標的內容和原因。一個目標的外在內容可能是錢財或是吸引力，它的外在原因可能是對你的朋友展現成功。一個內在目標的內容可能是有意義的生活或與其他人培養親密關係，因為這些都是你內心深處的興趣。

內在目標包含自我接受、建立關係、社會感覺和生理健康。追求內在目標的人奉獻更多精力來追求，且通常比那些由外在目標（包括酬賞或讚美）驅動的人更加成功。內在目標比較容易令人滿足。它們滿足我們對相互關係、自主性和能力的需求。當我們著重於這些意願時的感覺較佳。

外在目標包括經濟成就、形象和受歡迎度。這些看似為獲得報酬，但著重外在目標的人不比其他人快樂。他們對自己的才能或自主性較不滿意，且描述較多的競爭和較少愛的關係。

然而，如多數人所知道的，動機比這更複雜，且會依照情境變化。有時，金錢可以買到幸福，例如可以讓我們早點退休當志工或去畫畫。當我們在建立自己的力

量時，讚美和公開酬賞可以增強我們的信心。在任何情況下，外在或內在動機的應用範圍都很廣，但我們的動機很多，且是渴望、情緒和文化期待網絡中的一部分，這些都能塑造我們的行為。

堅持不懈的力量

需求、渴望和動機通常不會排成整齊的一列，帶領我們到達目標。我們有很多想要或需要的東西，其中有些是相互衝突的，也並非全都是健康的。有時達成一個有價值的目標意味著忽略短期的渴望，偏好長期有利於我們的事物。

想想棉花糖實驗，它最早是史丹佛大學於1970年進行的。這項延宕滿足的經典研究有一些令人驚訝的長期影響。在原本的實驗中，實驗者留下年幼的孩子（年紀四

自我調節是幸福感最重要的元素之一。

歲、五歲和六歲）獨自一人與一顆棉花糖或其他好吃點心在房間裡。孩子們被告知他們可以吃點心，但若他們可以等15分鐘後再吃，就可以得到第二個點心。

面對誘惑，有些孩子立刻吃了棉花糖。多數孩子至少等了一會兒，在坐立不安的同時，他們閉上眼睛、對棉花糖微笑或是拉自己的辮子試圖分心。約有三分之一的孩子會持續等待，直到獲得第二份點心。

幾年後的後續研究顯示了一些令引人遐思的結果。在

讓他人覺得美是一種外在目標，和財務上的成功與受歡迎程度一樣。

原本實驗中擅長於延宕滿足的孩子最後在SAT學力測驗中表現較佳、健康情況較好，且比其他人受歡迎。腦部造影甚至顯示，具有較好自制力的人，前額葉區較為活躍。

自我控制又稱為自我調節，簡單來說就是意志力，在兩種衝動之間出現衝突時就會需要——一個衝動直接針對一個立即且誘人的目標，另一個衝動針對一個具潛在價值但花點時間或努力才能達成的目標。這是一種能超越我們情緒、想法、衝動或行為的能力。自我調節是幸福感中最重要的元素之一，與自覺性的人格特質緊密聯結。好的自我調節者較健康，且在學校、工作或人際關係中表現較佳。自我調節能力弱的人與犯罪，藥物及酒精濫用相連。

自我調節牽涉一些典型的過程。你設立一個標準：一個目標或一個渴望的狀態，如到達理想體重。你監控你的行為：我有堅持我的飲食嗎？你安排計畫自己的自我

焦 點

整體全貌

當我們正在研究為什麼人會做他們正在做的事時，我們是否應該將自己侷限在特質、需求或動機的範圍？那麼基本生物學呢？還有文化影響呢？

研究者肯‧薛爾登（Ken Sheldon）和他的同事提出了一個人類行為的整體全貌，這個全貌起始於原子層級。這個多重層級的觀點將人格和動機整合為一個階層，顯示從化學物質到文化環境如何交互影響我們的行動。.

分析層級（研究它的科學）

文化（社會學、人類學）

社會關係（社會心理學）

人格（人格／臨床心理學）

認知（認知心理學）

大腦／神經系統（神經科學）

器官組織（醫學、生物學）

細胞（微生物學）

分子（化學）

原子（物理）

較高層級的觀點是由較低層級的內容所支持（你無法在沒有腦部時擁有認知），但較低層級也會被較高層級的觀點所影響（你的認知同樣會改變你的腦）。

拿一個男人決定結婚來說吧，在分子程度來看，這個決定是基於發展趨力朝向基因編碼中的交配和繁殖。在他做出決定的當下，荷爾蒙和神經傳導物質影響了腦部的運作，認知過程權衡了婚姻的得失。他的人格和動機將會塑造他的情緒取向朝往婚姻的目標，他的社會群體以及主流文化也會有所影響。這些影響是雙向的，舉例來說，文化影響社會規範和動機調節認知能力。

有些層級之間的關係更加緊密。生物學是對於我們肚子餓了想要吃晚餐的基本解釋，但人格或社會關係在我們決定提供食物給遊民時影響較大。

問問你自己

你的自制力如何？

「我可以抵抗除了誘惑以外的所有事物。」奧斯卡‧王爾德（Oscar Wilde）筆下的角色爵士達林頓（Lord Darlington）這麼說。那麼你呢？你的意志力有多強？

閱讀下列十個陳述並用量表對每項評分：

1. 我很難除去壞習慣。
(1＝像我 2＝多數時像我 3＝有點像我 4＝一點點像我 5＝完全不像我）

2. 我很容易分心。
(1＝很像我 2＝多數時像我 3＝有點像我 4＝一點點像我 5＝完全不像我）

3. 我說出不得體的話。
(1＝很像我 2＝多數時像我 3＝有點像我 4＝一點點像我 5＝完全不像我）

4. 我拒絕那些對我不好的東西，就算它們很有趣。
(1＝很像我 2＝多數時像我 3＝有點像我 4＝一點點像我 5＝完全不像我）

5. 我擅長拒絕誘惑。
(1＝很像我 2＝多數時像我 3＝有點像我 4＝一點點像我 5＝完全不像我）

6. 人們會說我有很強的自律。
(1＝很像我 2＝多數時像我 3＝有點像我 4＝一點點像我 5＝完全不像我）

7. 愉悅和有趣有時會妨礙我完成工作。
(1＝很像我 2＝多數時像我 3＝有點像我 4＝一點點像我 5＝完全不像我）

8. 我做事的當下覺得很好，但事後會後悔。
(1＝很像我 2＝多數時像我 3＝有點像我 4＝一點點像我 5＝完全不像我）

9. 有時我無法停止正在做的某件事，就算我知道我錯了。
(1＝很像我 2＝多數時像我 3＝有點像我 4＝一點點像我 5＝完全不像我）

10. 我經常沒有思考周到就行動。
(1＝很像我 2＝多數時像我 3＝有點像我 4＝一點點像我 5＝完全不像我）

加總你的分數後除以十。最高分是5分（極度自我控制）和最低是1分（完全沒有自我控制）。

調節或意志：這個星期我將節制甜食。你會獲得動機的支援：我真的很想減重這會讓我自己感覺更好。

≫ 消耗

你今天已經工作了12個小時專注在一項艱鉅作業，在此之前你剛在截止期限內完成一樣工作。當你回家後，你無法面對節食餐點。這時是在沙發上吃一桶班和傑瑞冰淇淋的時候。

我們都知道，自我控制可以感覺像是一塊肌肉。在運動後，它會疲累且無法好好運作。當談到心智的自我調節，我們像是僅有有限的資源，當我們消耗後，我們需要等到資源再次補充回來。

這些資源不是被個別儲存的——例如一堆是飲食的，另一份是關係的。它們全都互相聯繫，心智能力被一項作業耗盡後，接著就無法提供給其他的作業使用了。

研究者已經在很多明確的實驗中檢驗過這種現象。其中一個實驗給予飢餓的受試者一碗蘿蔔和一些巧克力。

「若不是因為分心，我腦海裡將會反覆出現同樣的事物。」

數學家安德魯·韋理斯（Andrew Wiles），於解決費馬最後定理時。

一組受試者被告知可以吃蘿蔔但不能吃巧克力（因此需要自我調節）；另一組受試者可以任選其一。接著這兩組都進行一個困難無解的圖像追蹤測驗。需要控制自己吃蘿蔔的受試者比另一組受試者較快放棄測驗；這代表他們自我控制的能力已被耗盡。

另一個相似的測驗中，每位受試者進行了困難和簡單兩種心智作業——壓抑所有對於一隻白熊的想法（困難的！），或是解決一個簡單的演算問題（簡單的！）——完成作業後能獲得啤酒當作回饋。與困難心智問題奮鬥較久的人較無法控制自己而喝了較多的啤酒。

消耗自我控制會造成很多不好的結果：不忠誠的性行為、對於食物和酒精過度放縱、和甚至有過度分享個人訊息的傾向。當他們的意志被耗盡，自尊較低的人對自己的看法會比平時更加負向。

自我調節影響的不只是自己。健康的關係和依賴受試者自我控制的社會互動，這兩者的確都與自我調節有關。當意志力被耗盡，很難抵抗誘惑以及無助益的行為。舉例來說，一個與異性戀者承諾關係的研究發現，當他們自我調節程度低時，他們會花較多的時間看著雜誌裡衣著暴露的異性。同樣

你的自制力
如何呢？

「義大利超級大拼盤是您選擇罪惡、後悔或抗拒的附餐。」

地，不應該在勞累時討論個人問題是一個好的原則。自我調節疲勞的人較可能挑起爭執、威脅要結束一段關係、或堅持怨恨。低度自我控制的人較可能欺騙和說謊，且較少說謝謝你。

對某些人來說，壓抑種族歧視似乎需要很多的自我控制。研究者觀察具有高度歧視和低度歧視的兩組白人與黑人受試者的互動。之後，具有高度歧視的白人在心智控制測驗中表現得較差。顯然，他們因為掙扎於自己的偏見，然後在心智上顯得疲累了。

好消息是這種資源的消耗並非必然的。這並非是因為對基本控制能力的無計可施，而是與動機的轉移比較有關。當他們選擇看似遙遠且抽象的延宕酬賞時，自我調節行為會損耗心智資源，它需要很多思考和注意。當我們已經花費很多意志力，我們的動機會由累人的自我控制作業轉向那些容易且立即獲得酬賞的作業。事實上，我們可以藉由支持我們動機的基本信念來克服這種消耗，繼續執行控制力。研究顯示，被告知意志力擁有無限資源的受試者，比起認為意志力會被消耗掉的受試者在困難的作業中的表現要好。事實上，越相信自我控制能力有所限制的人，他們日常生活的自我調節就會越差。

倘若自我調節運作的有如一塊肌肉，我們可以用運動來加強它嗎？一些研究認為是可行的。事實上，由於身體運動牽涉到意志力的穩定應用，顯然也能增強我們的心智肌肉。一組先前久坐不動的人，在健身房健身兩個月後，與控制組相比，在自我調節測驗出現了明顯的改

堅韌
是成功的
關鍵因素。

善。此外，他們也描述較少抽菸喝酒、控制他們的花費，甚至比起健身前對於家庭問題付出較多的注意力。另一個研究顯示，只要兩星期的自我控制活動，如監控姿勢或注意飲食和情緒，就可以改善自我調節的能力。

正如同它對生理疲勞所作的，休息可以恢復自我控制所消耗的資源。經過一天的活動，人在傍晚時較可能失去自我調節，而經過週末的放鬆後能在星期一恢復。但自我控制也可以被正向情緒所增強，例如一場有趣的電影或片刻的自我肯定。強烈動機也可以抵消抑制疲勞。當人因為給予酬勞而做作業時，或是被告知行為結果有助於慈善時，可以克服疲勞並且表現得很好。舉例來說，每年賓州州立大學的學生藉由46小時不坐下且不睡覺的跳舞馬拉松，為兒童癌症研究籌集了數百萬美元。學生通常花很多時間坐著來看著螢幕，這些學生發現他們可以藉由同儕、恢復中的病童、及家長的鼓勵，而持續兩天不斷活動。

自我調節可以被學習以及藉由練習而被增強。

》毅力

當談到學業或工作成就時，毅力或膽量是被智力所忽略的伙伴。美國心理學家凱薩琳・卡克斯（Catherine Cox）於1926年寫了有關天才心智特質的論文，結論是智商與成功只有中等程度的關聯；取而代之的是，「對於動機和付出的堅持、對自己能力的信心、以及良好強度和力量的特質。」，這些能力的質量才是預測一生成就的指標。查爾斯・達爾文（Charles Darwin）對於研究天擇具有睿智的眼光，但他仍然花費了20多年完成一本

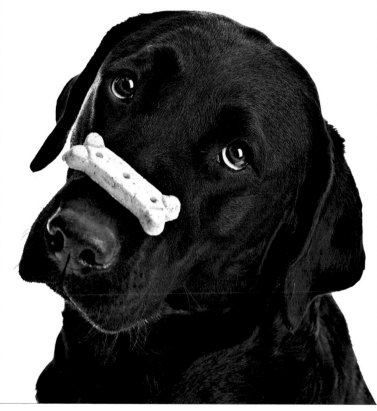

讓他成名的書。湯瑪斯・愛迪生（Thomas Edison）為了燈泡的燈絲，在找到一種可用的材料前，檢驗了6000多種不同的素材（這支持了他有名的引言說天才是「一分的靈感和99分的辛勞」）。

毅力是決定一個學生能否成功由高中畢業的關鍵變項。一項對於4813位芝加哥公立學校的高二學生所做的研究發現，毅力可以預測畢業率，甚至當控制了其他變項如覺察動機、來自家長和老師的支持、標準測驗成績、和人口變因等。就定義來說，一個有毅力的人具有高度自我控制。她願意堅持經歷挫折而完成一個遙遠的目標。然而，有毅力的個體通常能對於投入多年的單一生活目標展現持續不斷的熱情，並不需要將自我控制類化到日常生活的所有面向。舉例來說，歐內斯特・海明威（Ernest Hemingway）在喝酒、女人化和與公牛一同奔跑的同時，穩定地發表了一些在文學上廣受好評的小說和短篇小說。有毅力的人會將他的眾多目標組織成為單一目標，此單一目標位於其他低階目標的頂端，低階目標全部都用來完成最終目的。若一個中介的目標被阻礙，有毅力的人也會找出方法來克服。

毅力可以與有自覺性的人格特質重疊，但並非相同的

傑出的堅持力量支撐了戴安娜・納亞德（Diana Nyad），使她能從古巴游到佛羅里達。

東西。一個有自覺的人可以是可靠的，而且無須追求多年的長期目標就可以有傑出的自我控制。

》生命週期中的毅力

毅力在許多領域裡成為優點之一。例如，聘僱人員流動率較高的雇主可能會在招聘時考慮這一點。一項針對假期物業公司的數百名銷售代表的研究發現，有毅力的員工更能堅守工作崗位。毅力比工作年限更能預測工作的留用率。

毅力也能預測軍隊的成功。軍隊裡艱苦的特種作戰訓練課程約有一半的學員在24天訓練結束前提前退出。毅力比起健身或智力能有較好的完成度預測。相較於SAT測驗分數、高中學校排名或自我控制而言，毅力對於哪些學員將會持續留在西點軍校也是較佳的預測指標。

人際關係也能由毅力中獲益，但這件事在兩性之間具有令人感興趣的差異。在一個大型研究中，毅力被證明

焦點

練習造成完美

這是一個帶有明確訊息的古老笑話：「你如何登上卡內基音樂廳表演？」「練習、練習、再練習。」

這個訊息的含意在斯克里普斯國家拼字比賽中的殘酷競爭更為明顯。在2006年的競賽中，心理學家追蹤了190位參加決賽的選手，來看看這三種訓練方案中哪一個最成功：休閒活動（如閱讀或遊戲）、被父母或電腦詢問、或謹慎單獨練習字詞拼寫和字源。

勝利者——謹慎獨自練習。雖然獨自鑽研是三種方式中最不令人享受的，但使用這個方式的孩子在拼字比賽中表現較佳。在比賽的三年前開始，每個人都花了數百小時來研究字詞。

這些競賽者是研究者發現最本性堅強的。在一個問卷中要求同意或不同意下列陳述，如：「挫折不會讓我氣餒，」，最同意的學生更能夠在練習中堅持不懈。

最後一個在2006年競賽中出現的字是什麼呢？「Ursprache」（一個重建的祖語。）

能夠預測受試者是否結婚，並且會比標準人格特質的人容易持續婚姻。然而，這只針對男人而言是對的。在女人身上，毅力和婚姻狀態並無相關。

我們可以在自己或孩子們身上培養毅力嗎？這個問題仍然不斷被討論著，但一些研究人員認為，培養以成長

為導向的思維方式是堅持不懈的關鍵。具有固定心智模式的人相信他們的能力和結果是固定且不可改變的。他們對挫折做出反應是思考「我是個失敗者。」或是「他絕不可能讓我贏」，具有心智發育模式的人相信他們可以從錯誤中學習，並在下一次做得更好。就是因為這個

原因，很多心理學家推崇不要讚美孩子的先天智力（「喔！你好聰明」），而是要讚美他們的堅持不懈（「我很驕傲你如此努力工作」）。

最後，研究者安琪拉·達可溫斯（Angela Duckworth）指出，典型的教育系統堅持讓學生追求廣範的課程和活動，可能無法培養真正的獲得成功的人。她寫道，「這可用

有自覺性的人會為考試溫書、鋪床、事先計畫。

於解釋班傑明·富蘭克林，一個教育的目標並非只是學習許多事物的一點點細節，而同時也應該是學習一點點細節中的大重點。」

大部分與人類起源有關的都來自於生物學史。我們的人格、驅力、對於問題和目標的取向，在某種程度上都是天生的。這並不意味著它們是無法改變的。一旦我們辨識到自己的性格特質、典型的動機、控制行為的能力，我們就可以增強正向和抑制負向內容。我們不用所有人都去攀爬酋長岩，或透過駕馭我們的驅力，並堅持攀上我們自己設定的高峰。

父母可以獎勵堅持不懈的行為，培養孩子的毅力。

心智與

>> 第三部

健康

複雜心智歷程除了幫助我們建立安全感與社交互動之外，也可能誤入歧途。很少人能夠完全沒有焦慮感、情緒混亂或自我懷疑。有時，這些憂慮可以讓具有生產力的生活偏離正軌。在這最後幾章中，我們將檢視一些方法，透過簡單實際的改變來讓回歸健康。心理學家已經慢慢領會到，自然的力量（例如靈性）以及一些能使我們心懷感激和寬容的簡單手法，都可以帶領我們進入正面的幸福狀態。

第七章

健康、疾病與兩者之間的狀態

足球明星瑞奇·威廉斯（Ricky Williams）應該有充分的理由感到自信。身為德州大學海斯曼獎（Heisman Trophy）的贏家，他從紐奧良聖徒隊開始進入職業美式足球聯盟，幾年後再轉到邁阿密海豚隊。

不過，球迷和媒體開始嘲笑他是個怪咖。他老愛躲避其他人：隊友、觀眾和記者。接受採訪時，他總是戴著頭盔並放下遮陽面罩。而且他一直無法通過藥檢。

這位足球明星回憶：「我被紐奧良球隊『選中』時，我完全不想離開家裡，也不想去任何地方。我不想去超市，我也不去約會。」在威廉斯接受治療之前，他並不知道自己為何會這樣。在治療過程中，他才了解到他有社交恐懼症，這是一種強烈害怕受到他人觀察的症狀。

他聽到這個消息很高興。「當我被診斷出有社交恐懼症時，我感覺非常寬慰，因為那代表我正在經歷的情況有個名字。我沒瘋，也不奇怪，和這麼多年來我所想的一樣。」威廉斯說。

威廉斯既沒瘋也不古怪。但他也不是完全健康。他像很多人一樣，跟一種雖會妨礙生活但又不至於摧毀人生的疾病纏鬥著。同時他也跟很多人一樣，找到了診斷、治療方式和一條回歸幸福的路。在21世紀，心理學家以生物學和社會學的研究為基礎，發展實用取向來改善心理健康。他們的範圍由認知療法到簡單的居家活動，讓每個人都能活得更開心、更充實。

心衰還是心盛？

假如心理健康被定義為沒有嚴重的心理疾病，那麼我們大多數人是健康的。根據年度統計，每四位美國成人中有三位在一整年內沒有經歷任何心理疾患。每17位美國人中有16位沒有嚴重疾病，如憂鬱症或精神分裂症。

問問你自己

你是心衰還是心盛？

心理健康不只是代表要避免嚴重的疾患，同時意味著要擁抱正向、豐富的信念和關係——成為心盛而非心衰的人。從這個觀點來看，你的心理健康程度如何？用是或不是來回答以下問題，看看你的落點在哪裡？（修改自一份由愛默利大學心理學家柯瑞‧肯伊斯設計的問卷。）

》你是

1. 經常開朗、快樂、平靜、滿足、充滿生命力？

2. 在生活中總是感覺快樂或滿足？

3. 對自己和過去的生活抱持正面的態度，接受自己的不同面向？

4. 對他人感覺正向，並接受他們的複雜和不同之處？

5. 展現你自己的潛力，並以開放的態度面對新奇和具有挑戰性的體驗？

6. 相信人、社交團體和社會可以正向的發展和成長？

7. 堅持目標和信念，確認生活方向感，感受生命的目的和意義？

8. 感覺你的生命對於社會是有貢獻的，且被他人重視？

9. 有能力經營一個複雜環境，有能力依照你的需求塑造環境？

10. 對於社會和社交生活感興趣，感覺社會和文化是可預測且有意義的？

11. 能夠建立一個社會認可的行事標準，並能夠避免令人討厭的社會壓力？

12. 體驗溫暖和滿足的個人關係，以及能夠感覺到同情心和親密感？

13. 感覺好像你屬於一個支持性的社群？

回答愈多「是」，表示你在這評量範圍的落點比較正向。答出超過六個以上的「是」代表一個健康的正向狀態。

曾經有很長的一段時間，心理健康被簡單定義為「沒有生病」，然後就被忽視了。這是可以理解的，心理學家專注於尋找與妨礙生活的嚴重疾病有關的治療方式。但現在我們已認為，心理健康不只是沒有生病。心理健康是一種健康狀態的存在：一種具有生產力狀態的情緒和社會幸福感。在2000年美國公共衛生局局長報告裡，將心理健康定義為「一種心智功能能夠成功運作的狀態，具有生產力的活動、滿足人與人之間的關係，且是一種能夠適應改變和因應逆境的能力。」

就像生病可能從輕微到嚴重不等，心理的健康程度也一道連續光譜，從心衰、中等到心盛。如同心理疾病是由它的症狀所定義，心理健康也是一樣。所謂心理健康的「症狀」，例如對於自己或豐富社交生活的正向態度，也是幸福感的指標（見左邊的「問問你自己」）。在生活中愈是有正向的情緒、信念和行為，心智的健

康就愈接近理想程度。只要多了解自己以及可以應用的資源，幸福感對我們來說就是可以實現的目標。

我們當中有多少人心衰、多少人心盛，或處於這兩者之間？全國性的問卷顯示，約有百分之17的美國人處於心衰狀態，他們較不快樂，掙扎著想要找回人生。大部分的人在兩者之間。有大約百分之18的美國人可被稱為心盛：快樂、正向、有生產力的人。這些幸運的人不只更快樂，他們在生理上也比其他人更健康。比起在同一個評量上的其他人而言，他們有較少的慢性疾病、較少去看醫生，也較少在工作日請假。他們較少感到無助且比他人更有目的，對於家庭和朋友也呈報出較多親密感。

心理健康的程度與心理疾病是獨自存在，但是相互有關聯性。換句話說，你可以同時擁有心理健康和心理疾患的症狀。一般來說，你愈是委靡不振，就有愈高的機率出現心智疾患的症狀。心

衰的人當中，有將近三分之一曾經發作嚴重憂鬱症，但心盛的人只有百分之五。約有百分之16心衰的人患有恐慌症，但心盛的人只有不到百分之一。

若你有一種心理疾患，但心理狀態也很強健，那麼相較而言，你能對兩者有較好的平衡處理。具有心理疾患

的人，如果在單一正向心理健康評量中獲得中等或高等分數的話，他們比起那些評量分數低的人能有較佳的生理健康且較少在工作日請假。具有心智疾患再加上心理健康評分低的人，平日生活的行為表現一如預期地比任何其他情況的人要差。

人可以同時擁有心理健康和心智疾患的症狀。

陰鬱症狀

凱特陷入了低潮。她傷心、無精打采、對很多事都興趣缺缺。另一方面，她還是能完成工作、正常吃飯，也都出席了她的運動課程。她在臨床上能算是憂鬱症嗎？

丹尼爾容易擔心。他很在意他的健康、工作、家庭。有時這些擔心會讓他晚上睡不著，他無法跳脫的這種想法。即便如此，他還是喜歡工作、朋友，也會對新環境感興趣。這樣他有焦慮疾患嗎？

這些個體很可能都沒有達到心理疾患的診斷標準。雖然，他們有真實且嚴重的問題，這些問題可能會從心理健康的支持中得到助益。很多人就像他們一樣，會在不同形式的日常心理壓力中掙扎，但還不足以達到被定義的疾病標準。這些陰鬱症狀包含一系列有問題的思考和行為，會使人脆弱甚至遭受嚴重的心理疾患。

》躲避

我們可以有很多角度來看自己的想法和行為，其中之一是趨近或躲避的動機。趨近導向的人注重收穫、成長、達到正向結果，而躲避導向的人則注重於損失、安全和躲避失敗。這兩個導向並沒有哪個比較好的，但躲避導向有可能會令人失控。

躲避令你害怕的事物是自然的反應，而這反應也有可能會對你有傷害。「面對恐懼」這個建議是健康的。你愈躲避害怕的事，就愈會感到害怕。反之，你愈感到害怕，你就愈會躲避更多害怕的事，如此反覆不斷。舉例來說，若你害怕開車過橋，一開始你可能只是害怕開車經過大橋，但每次躲避的反

焦 點

診斷和爭論

自從精神疾病診斷與統計手冊於1952年發行以來，現在最新的版本已經是第五版（Diagnostic and Statistical Manual of Mental Disorder，DSM-V）。這是一份正式的指南，大約1000頁左右，用來輔助診斷不同種類心理疾患，例如空間恐懼症或窺視症。對於每一種疾患，DSM都會列出應該出現和不應該出現的症狀特徵，並將它們分類編碼，讓醫生或是從業人員依此診斷。

DSM-V因為許多不同面向的錯誤而飽受批評。常見的批評有：

- 標準太模糊。舉例來說，具有63萬6120種方式來說明創傷後壓力症候群。
- 標準的設定是主觀武斷、不科學的。
- 標準太廣泛，將常見的問題轉為特殊疾患。例如，目前的版本包含侵擾性情緒失控症（DMDD）：小孩反覆發脾氣。
- 這些疾患標準也許和編修者的個人因素有關，可能涵蓋了他們自己的研究領域或經費來源。

心理學家和其他人對於如何定義心理疾患已有長久的爭論，如同心理疾患的症狀容易改變、複雜且相互影響。目前的手冊似乎還無法終止這些爭議。

應都會讓害怕的想法占據你的思考，讓你有時間想像在開過橋時可能發生橋面崩塌或是你突然因為緊張而暈倒。接著你不只變得想要躲避大橋，害怕的想法會類化到小橋（若這個橋崩塌了呢？）。你沒有注意到安全指標是因為你太忙於注意可能的威脅。你的心智思考開始陷入最糟糕的情況下，對你而言，你學到開車過橋實際上是一種可怕的經驗。

　　你不只會躲避地點或事件，也會躲避自己不快樂的想法、感覺和內在感受，這被稱為體驗迴避（experiential avoidance）。我們沒有人會去追求被拒絕的感覺，但當躲避成為一連串經常刻意的作法來控制或逃脫自然的想法或感受時，它的結果就會適得其反。當你花費很多時間、付出和經歷來控制或掙扎於這些不想要的內在事件，這會將你的思考歷程扭轉成為疾患的症狀。這種掙扎會阻礙你朝向目標，且讓你遠離日常生活中的樂趣。最終，躲避的行

你可以藉由面對而非躲避恐懼來消除它。

為比起單純經歷不愉快的想法更具有心理上的破壞力。

　　假設你正在尋找一份新工作。面試時，壓抑部分焦慮感是有用的。但當你因為壓力大而開始躲避面試，或當你開始因為自己的害羞或害怕到無法承擔工作的責任，這就適得其反了。

　　試著抵抗這些負面的想法、感覺或欲望也可能造成反效果。以巧克力為例：在一個研究中，研究者要求三

組受試者記錄他們的想法。第一組被要求想著巧克力；第二組被要求抑制對巧克力的想法；第三組則單純記錄任何想法。稍後，所有人都被要求試吃巧克力然後評分。但評分並不是重點。研究者發現，試著壓抑巧克力想法的人，不只更加想著巧克力，而且比其他兩組吃了更多的巧克力。壓抑對甜點的慾望，只會讓人想吃更多。

試試看

想都不要想

丹尼爾·韋格納（Daniel Wegner）博士在1980年代進行了逃避想法的經典實驗。用其中一個版本來檢驗你自己：

》閱讀下列段落。當你在讀時，有意識地避免去想到白熊。

「如同很多不同的儀式一樣，握手的源由是難以得知的。在古代巴比倫文化中，統治者會拿一個神聖雕像的手來象徵神力傳遞到人手中。然而，現今握手的目的是很清楚的：是兩人之間開放、安全的招呼。事實上，是『兩個男人之間』。我們確實知道，幾百年前在英格蘭，握手是用來證明沒有攜帶武器。女人很少攜帶武器（或被允許攜帶），可能正因如此，握手直到近代才成為女性常見的打招呼方式。」

》你閱讀時有辦法完全不想到白熊嗎？倘若無法，你估計你多常想到呢？在相似的實驗中，多數的閱讀者都察覺到在閱讀文章時，他們的腦海裡有隻白熊走來走去。有意識地不去想，造成的結果其實和一直想著白熊是一樣的。

》傷害性的觀點

能夠適度的感受到一個即將到來的威脅，一個深思熟慮的問題解決方法，以及一項對高標準的奉獻精神，都對生活的適應性很有用。有時，這些思考模式會變得不適應生活。它們可以干擾我們的生活，並增加我們受到心理疾患影響的程度。

有一種心理思考適應不良的情況叫做認知浮現。這指的是當你看見或是想像任何事物向你快速接近時，你會誇飾那些具有威脅或擔心的想法。具有恐懼症的人常出現認知浮現的情況。舉例來說，想像一隻黑色大蜘蛛就在你面前，你

抵抗是徒勞無功的。

有用的特質，如完美主義，過度時反而會造成不適應。

能夠清楚看見牠的每一個構造、細長的腳、八個明亮的眼睛。現在想像牠快速跑向你，逐漸變大。你能夠聽到腳步窸窣聲音，並看到牠即將要跳到你的手上。對你而言，哪個畫面比較嚇人？是一隻靜止不動的節肢動物，還是一隻接近中的？具有恐懼症的人容易想到令人害怕的東西不斷朝向他們移動。焦慮的人也會一直都有這樣的感覺。他們每天都會想到

很多煩惱，不僅想到的次數愈來愈多，並且增加他們的害怕和痛苦。

　　認知融合是另一個陷阱。「融合」指的是想法和現實的融合。當你無法辨識心中閃過的想法或感覺是否是真實的，而且你相信它就是客觀事實，那麼你就陷入認知融合之中。「我再也不會感到快樂了」、「人們討厭我」、「我對社交很不在行」，這些都是認知融合的

例子。這個有問題的思考模式具有真實的行為結果，一個人會退出社交團體或停止嘗試做出任何正向改變。你的想法也可能與生活中所扮演的一個角色相融合。奉獻多年扶養小孩長大的女性可能將自己視為母親的角色，而忘了他們可能曾經擁有的其他身分，例如職業選手或享受冒險的自由精神。過去的身分可以融入現在的自覺角色。若你曾經是家庭中的

害群之馬或大學裡喜愛喧嘩派對的人，這樣的角色可能對目前的生活格格不入，但卻是很難擺脫的。

幸運的是，有很多治療法可以解決這些無用的想法。他們一開始可能先簡單地藉由以下方式來辨識這些想法，然後用來要求你遠離這些想法，例如：「我具有再也感覺不到快樂的想法。」，將這閃過的想法貼上標籤，這會讓你有個距離和立場來建立改變的空間。治療者會帶著個案透過一些口語活動，來幫助他們了解這些想法和文字都不是他們所定義的那樣。舉例來說，他們可能盡力描述一張椅子的細節，接著問個案是否能坐上去。重要的是內在經驗與現實生活經驗並不相同，但有時我們需要明確的經由一些想法來接受它。「緩和」的治療法（請見第九章）已經被發現能夠減輕工作場所的壓力，以及從恐慌症到社交焦慮症等不同類型的疾患。

另一種思考模式是沉思，它可能是有助益的或是是有害的。想像一下這個情況：當你準備下班然後跟朋友一起去吃晚餐之前，你意外收到老闆寄來的電子郵件。她

逃避會讓一種恐懼一直縈繞心頭。

「認知浮現」意味著那些你害怕的東西似乎一直朝著你靠近。

告訴你在工作上犯了幾項嚴重的錯誤。雖然無需太多解釋，但你需要在接下來的幾個星期內將錯誤改正。你當下會怎麼做？

1) 關上筆記型電腦，立刻下班前往晚餐的地點，並享受自我。明天工作時會想出改進策略。

或是

2) 你去吃晚餐，但整　都被電子郵件、你老闆和修正這些錯誤的困難所糾纏。

反覆思考問題是自然的，但若你一直反覆著相同的想法，聚焦在你的憂慮，這就會成為有傷害性的習慣。思

考有壓力的經驗會讓壓力一直處於活躍狀態，而你的思考會聚焦在沒有生產力的想法上。研究顯示反覆思考會造成表現降低，且這種人的注意力容易被其他事情所干擾。這也和較容易有憂鬱症、焦慮症、創傷後壓力、酗酒和飲食疾患有關。

有效率的反覆思考是有可能的。反覆思考如何改善缺失但不會仔細考慮他們問題的人，較容易解決困難並向前邁進。但對多數人來說，反覆思考是一種浪費時間且需要被限制的活動。心理學家推薦了一些經常被使用的策略來面對：仔細看清楚並辨識你的害怕。什麼是最糟糕的情況呢？你可以應付它嗎？（通常它沒那麼糟，而且是的，你可以應付它。）

辨認出什麼是你能改變的，並且對那些你無法控制的事情放手。運動休息片刻、做一些帶有正向信念的活動，以及從事其他減低壓力的活動。

完美主義是另一項可以是加分或扣分的態度。完美主義是跨文化的，它與更大的希望、更高的標準和更好的組織有關。然而，認為自己

無法達到高標準的完美主義者將會將自己陷入負向思考裡。自我要求嚴格的完美主義者與憂鬱症、罪惡和羞恥感、拖延和藥物濫用有關。

具有傷害性的完美主義有三種：

· **自我導向完美主義**：給自己設下不切實際的高標準，然後嚴厲批判。

· **他人導向完美主義**：給他人設下不切實際的高標準。這會造成責難、敵意和缺乏信任。

· **社會規範的完美主義**：認為他人對你有非常高的期望，使你非常害怕受到他們的批評。害怕批評的人會花很多精力在試著避免他人的不認同。

若你靈活地調整完美主義，這可以變成正向特質。在追求成功過程中，如果人們能夠理解將會犯下錯誤，他們通常能夠有好的發展。

》情緒控制

一個疲累的孩子哭哭啼啼地要爸爸把他抱起來。氣急敗壞的家長理智線斷裂，對著孩子咆哮。孩子哀嚎，父親感到罪惡。

朋友們在一家餐廳聚餐，慶祝某人訂婚；突然，其中一人含著淚跑掉，心中滿滿的嫉妒。

這些不幸的場景源自於錯誤的情緒調節。情緒控制是指我們根據情況調整和表達情緒的過程。當我們評估情況並做出好壞判斷時，情緒在過程中會一步步引導我們的反應。壓力過大的家長可以有很多機會來控制他的反應：孩子開始哭鬧時、父親開始想怎麼做時、父親對孩子反應時——還有他對孩子大聲斥責、讓情況變得更糟時，或是決定控制脾氣安撫兒子、創造一個緩和情況時。我們都會這樣做。我們調整自己的感覺來平撫社會狀況、舒緩壓力並減少情緒脆弱的影響。我們多數人不只調整我們如何感覺，也會調整我們如何行動。我們會控制衝動，不對情緒不好的小孩發脾氣。我們為幸運的

當日常的情況讓我們失控時，就代表我們的情緒調節失敗了。

「擔心是在 問題到期之前支付的利息。」

作家 蘭芝（W. R. Lange）

朋友擺出快樂的臉孔。這不只是代表我們需要控制負向情緒。當要求大家列出過去兩週他們進行情緒調節的時刻，最常被列出的目標情緒是生氣、悲傷和焦慮——但他們提到幸福感和浪漫的吸引力也是需要克制的感覺。

有效率且適當的情緒調節是健康的習慣。調節力不佳是很多心理疾患的重要特徵，包括憂鬱症、廣泛性焦慮症、躁鬱症和藥物濫用。另一方面，情緒控制若是造成躲避或完全壓抑情緒，就是過度調節。更有用的策略是重新評估，拉開自己與當下情況之間的距離，再分析脈絡。那個哭鬧的孩子只是累了，而家長也是。雙方多休息一陣子就能調節得更好。

重新評估也能讓你改造情

況，給它一個不同的情緒意義。若你在一個測驗中考不好，你的第一反應可能是將你自己視為一位失敗者，無法通過這門課程。然而，你可以藉由重新評估情況來改變你的情緒軌跡。現在你知

道你需要讀什麼書，你將迎接挑戰並學習新事物。有了這個新的態度，你可以回頭實際來將你的情況變得更好。擅於重新評估的人已被

在壓力大的時候，休息片刻並重新評估情況。

對冰上曲棍球運動來說，情緒控制不是優先考慮事項。

憤怒的光譜

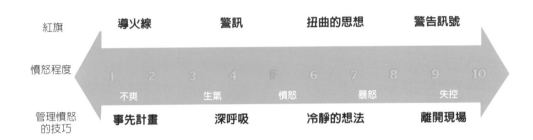

紅旗	導火線	警訊	扭曲的思想	警告訊號
憤怒程度	1　2　3	4　5	6　7	8　9　10
	不爽	生氣	憤怒	暴怒　　失控
管理憤怒的技巧	事先計畫	深呼吸	冷靜的想法	離開現場

發現較為樂觀,且比起他人有較好的社會關係。

倘若控制情緒的能力通常是件好事,那麼忍受苦難的能力也是。通常發現,會說「無法忍受」或「無法處理」罪惡感、憤怒、焦慮或其他不愉悅情緒的人,可能有著對情緒性痛苦較低的忍受度。他們如同一個團體,較可能遭受憂鬱,焦慮以及危險性較高且容易成癮的行為。一旦成癮,他們較難以戒除且較有可能會再犯。(心理學家如何在不虐待他們

受試者的情況下,測量忍受苦難的程度呢?他們計時受試者能夠憋住呼吸的時間長度,或他們能夠將手放在冷水中的時間。)

自我意識是提高你對情緒痛苦忍受度的一個關鍵。躲避苦難會讓它繼續建立下去;注意到它能幫助你適度的反應並想想解決方式。

苦難也可以是一個珍貴的訊號。一邊跑步一邊踝關節疼痛增加的馬拉松選手,可能會讓自己陷入永久性傷害。目標是辨識出苦難,了解它正在告訴你的事,並且決定堅

持或退出才是較為健康的。

心理僵化是日常生活中另一種功能失調取向。假設你已經學會藉由服從他人身上來獲得自己的方式,有禮貌且遠離憤怒的感覺。這可能在多數時間是成功的,但當要處理一段有問題的關係,或是從一個冷漠醫生那裡得到照護,你可能最好排除一些憤怒並直接面對另一個人。

靈活度,是在追求目標時利用不同方法和情緒的能力,這是一項健康的技能。平衡生活領域的能力也是如此。無法在周末不理睬工作的盡責員工,或過於著重日常困擾會影響長期目標的憂

心者，被困在有限的生活中。若你可以在需要時轉換你的焦點，例如從長期目標轉為現時現地、從工作到玩樂、從大格局到細節，接著再轉換回來，你的生活將更豐富且更加有意義（請見第九章，第268頁）。有個死板的態度，換個方面來看，會引導至問題；這與更高壓力程度和從疾病中更難恢復有關，如社會焦慮或邊緣人格疾患。

跨越閾值

很多人都與擔心、控制不良情緒、不靈活的態度和類似的事情奮鬥著，但很少會有跨越閾值爆發成為心理疾患的。是什麼把人推到邊緣呢？為什麼有四位軍人可以都遭受戰爭奮時的爆炸，而只有一位發展出創傷後壓力症候群呢？把此現象降低至一個簡單的方程式，答案是壓力　脆弱度　疾患。

》壓力

等式的第一部分，壓力，是指生活扔給我們每個人的不好東西。親愛的人死去、一段愛情結束、一位家長的虐待、目擊了一場恐怖的意外——這些和更多其他的事物都是嚴重的壓力源。

你也可能是你自己的壓力源。對於壓力事件有著負向、杯子半空反應會增加對於這個事件的權重。有時我們自己沉澱痛苦事件。一位

可以平衡日常生活中的需求是心理靈活度的特點。

母親剛過世的女性可能退縮到憂鬱，並離開她的配偶。這種情緒性退縮可以導致分居或離婚，這是另一項壓力源。

》脆弱度

脆弱度是等式的第二部分。這是你放上桌面的東西，一組讓你容易受影響而發展成疾患的變項。這些變項可以是生物的，如一個基因的易受影響至形成疾患，如焦慮症或憂鬱症。它們也包含我們的偏見和期望、我們已存在的黑暗情緒或我們生活中功能失調的行為模式。

通常壓力和脆弱度這兩個變項會手搭手的一起運作，但其中一個可能扮演比另一個更大的角色。在一些個案中，一個單一的變項已是全部所需的。舉例來說，精神分裂症與基因強烈相聯結。一個人不用

如果你脆弱到無力抵抗疾患，一點點的壓力也會讓你崩潰。

任何重大壓力源就可以發展成疾患，單純因為他被發了一張不好的基因卡片。同樣地，一個嚴重的創傷，如一件強暴或一樁車禍可以自己導致一個疾患，如創傷後壓力症候群，就算是受害者對於疾病只有一點點的脆弱度。

焦慮

心理疾病採取很多不同的形式，但最常見的一種是焦慮疾患。在任何一年中，大約有百分之18的美國人會遭受嚴重的焦慮。焦慮疾患有多重症狀，範圍從對於陌生人的害怕到強迫性洗手，但它們有一些共同的

關鍵特質。一般來說，焦慮是一種負向情緒狀態，伴隨著生理症狀如心跳加劇、緊縮的肌肉、一種不安的感覺和對於未來的擔心。嚴重焦慮的人感覺無力抵抗威脅，且過度警覺，會一直注意提防他們害怕的事物。

就像其他的疾患，焦慮代表一種失去控制的演化性適應。我們早期祖先若對於掠奪者、陌生人、風暴或有毒動物感到擔心會較可能生存下來。今日，焦慮若促使我們為了考試而讀書或在出門前檢查確認門已上鎖，這是有用的。只有在它成為壓倒性和令人殘廢無能時才會變成問題。有焦慮疾患的人會

成為有著害怕的偏執；他們將會為了躲避焦慮的情況到不離開房子或拒絕與新人見面的地步。

》 恐懼的狀態。

每個人都有焦慮的魔咒。我能否在這個截止日前完成呢？我可以付這個月的帳單嗎？我該如何安置我年老的父母呢？當問題得到解決或者一個愉快的場合來進行干預時，這些憂慮會消退並逐漸消失。但對一些人而言，焦慮從未結束。他們活在一種持續的恐懼狀態中─緊張、不穩定、不安，而且累了。「如果」的場景一直困擾他們：如果我有癌症呢？如果我的車子在雨中打滑至路邊呢？他們在夜晚有睡眠問題且白天很專注。最糟的是，他們無法指出任何特定的原因是他們能治療或躲避的。

這樣生活六個月以上的人可能最終被診斷為廣泛性焦慮症（Generalized Anxiety Disorder；GAD）。比一般焦慮糟糕很多，廣泛性焦慮症可以導致殘疾、影響工作、人際關係和社交生活。這是很常見的焦慮疾患之一，在人的一生中某些時候影響幾乎百分之六的人。很多遭受這些的人，也有憂鬱症。

發展出廣泛性焦慮症的人非常無法忍耐不確定性。任何模稜兩可的情況都會引發一輪擔心，他們希望這可以幫助他們在發生這種情況時處理可怕的結果，或者可能會阻止這種可怕的結果發

焦 點

獨木舟焦慮

心理學家柴克立·高索（Zachary Gussow）於1963年，在西格陵蘭島的因紐特海豹獵人之間發現了一種奇怪的疾患。獨自駕獨木舟出去的獵人，滑過玻璃般的水面，突然感到暈眩和迷失方向。他盡可能撐住，發汗顫抖，試著控制自己，同時他則開始相信，獨木舟已經淹滿了水，正在下沉。嚇到癱軟的獵人可能會覺得自己從水面下或後方被追逐。若他可以控制自己，開始划船，症狀就會在他靠岸時緩和下來。對很多獵人來說，這種狀況會反覆發作，直到他們不再也不敢下水。

被稱為「獨木舟焦慮」的這類情節現在被視為恐慌發作的一種，儘管這是獨特環境裡才有的。它的症狀──突然開始暈眩、心跳加速、冒汗、強烈害怕、躲避上一次發作的地方──和世界各地的典型恐慌發作一樣。這種發作一般只有幾分鐘，但感覺更久，大約有600萬美國人身受其害。一些幸運的人一生中只經歷過一次。有些人則是反覆發作，嚴重的甚至會影響工作和活動。

就像其他焦慮相關的疾患，恐慌發作可能與腦中的臨邊系統有關，這是連結情緒刺激和害怕的地方。恐慌發作是令人驚恐的，但很容易治療，通常是治療法和藥物一起併用。

「如果你現在可以跟那個掏空你心臟的男孩說話,你會說什麼?」

生。問題看起來像威脅,但這些焦慮的人並無自信他們可以處理威脅。

這種對小狀況的持續擔心可以讓一個人從更嚴重的問題中分心。有廣泛性焦慮症的人比其他人更有可能擁護這種陳述:「擔心著我所擔心的大多數事情是一種讓自己分散注意力於更多情緒化事物的方式。」如果你忙著煩惱你工作上的計畫,這可能是你躲避思考家庭問題的一個方式。這是一種應對策略,短期來說是有用的,但長期而言是有害的,因為它

約有 600 萬美國人有恐慌發作的經驗。

最終會限制患者的行為和情緒。

就像其他焦慮疾患,廣泛性焦慮疾患可以被自我增強。一位擔心女兒出門過夜會被綁架的媽媽,會一直打電話給她女兒。到了早上她女兒安然無恙,但這位媽媽更糟了。她的不合理行為似乎被一個正向結果酬賞了,這讓她更有可能再做一次。

「我在派對上是個遜咖。
我會坐在角落裡，找一個人說話。」

演員綺拉 · 奈特莉（Keira Knightley）

》不要看我

若你害怕的情況是與社交相關的——當你用你的方式走遠來躲避注意力——你可能正在經歷社交焦慮，這種折磨足球球員瑞奇·威廉斯的疾患。和其他焦慮症一樣，社會焦慮要嚴重到足以被稱為疾病，不是看症狀的質，而是看量。多數人第一次約會或給一場演講時至少都會有一點緊張。但有疾患的人是更進一步：他們會害怕多種社交情況——例如與陌生人交談或在他人面前吃東西，且症狀維持至少六個月。所有這些情況都可歸結到一個核心焦慮：害怕他人看到你的內在瑕疵、評判和拒絕你。

雖然名為社交焦慮，但它其實與他人無關：它只關乎你自己。社交焦慮的人是高度自我批評的。他們想留下好印象，但他們不相信自己做得到，因為他們堅信自己太無聊、太笨或很奇怪。他們堅信自己比普通人有更多的缺陷。加上他們對自己有不合理的高標準：「我必須聽起來很聰明」或「我一定要非常的迷人」或「我一定得總是知道答案」。他們跟隨著這些信念，假定任何奇怪的事都會引導他人嚴厲評論他們：「如果我臉紅了，他就覺得我是一個超級大笨蛋。」

這種焦慮似乎有一種麻木情緒的影響。一個研究要求參與者報告他們在一天當中隨機時間的感覺（透過攜帶型設備），發現有社交性焦慮的人比其他人報告出較少的強烈正向情緒，甚至在發生性行為時。有社交焦慮的人甚至躲避正向注意力。他

焦 點

恐怖的社交場景

你演講時會嚇得兩腿發抖？考試時會緊張？你並不孤單。有或沒有社交焦慮疾患的人都有相同的社會恐懼——只是它們在患有社交焦慮疾患的人身上更為普遍。例如，有社交焦慮症的人絕大部分都害怕公開談話、與新人見面、與權威人士對談，但在總人口中，只有5%的人如此。第224頁的表格中有最常見的社交恐懼和它們在一生中的流行階段。

有社交焦慮的人會努力躲避注意力。

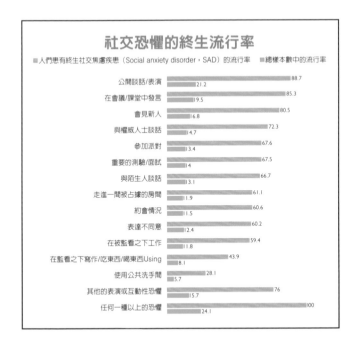

社交恐懼的終生流行率

■人們患有終生社交焦慮疾患（Social anxiety disorder，SAD）的流行率　■總樣本數中的流行率

項目	終生流行率	總樣本流行率
公開談話/表演	88.7	21.2
在會議/課堂中發言	85.3	19.5
會見新人	80.5	16.8
與權威人士談話	72.3	14.7
參加派對	67.6	13.4
重要的測驗/面試	67.5	14
與陌生人談話	66.7	13.1
走進一間被占據的房間	61.1	11.9
約會情況	60.6	11.5
表達不同意	60.2	12.4
在被監看之下工作	59.4	11.8
在監看之下寫作/吃東西/喝東西Using	43.9	8.1
使用公共洗手間	28.1	5.7
其他的表演或互動性恐懼	76	15.7
任何一種以上的恐懼	100	24.1

們在接受讚美時對它打折，並在團體前逃離被讚揚。為什麼？一個理論是：人是社會動物繁衍出來的社會動物。我們的祖先可能已經演化出不會威脅現狀的行為。經由你的長處或成就來挑戰你團體中更高地位的成員，可以導致一個受傷的世界。低調、不起風浪、多子多孫，可能比較安全。

≫ 創傷後壓力疾患

英國女性麗莎・弗蘭琪（Lisa French）於2005年7月7日在倫敦的塔維斯托克廣場搭上一輛公車。接著醒來時，她的耳膜被震破，身邊的公車已被一個恐怖攻擊的炸彈摧毀。不意外，她發展出對任何大眾交通工具的強烈恐懼，甚至無法說服自己搭上一列火車。她的創傷後壓力疾患（PTSD）是對危險經歷的合理反應，後來在治療之後已經有所改善。

演化塑造了我們的腦來記得並躲避危險的情形。然而，有創傷後壓力疾患的人不只記得，還會反覆經歷那種恐懼，就像是第一次發生一樣。創傷的記憶不會褪色，但會讓人失能。

創傷後壓力疾患的症狀包含：

・**過去的創傷事件**。你以某種方式經歷了威脅死亡或受

「**下週不可能有什麼危機。我的行程已經滿檔了。**」

前美國國務卿 亨利・凱辛格（Henry Kissinger）

傷的可怕事件。意外、虐待、地震或風暴、或者至親的過世都是常見的創傷後壓力疾患原因。你不需要是那位親身經歷的人——你可以只是聽聞或目擊它。

· **重新經歷這個事件**。倒敘、惡夢和不想要的記憶一直反覆來襲。害怕與害怕的症狀——心跳加速、手掌發汗或換氣過度——伴隨著記憶發生。

· **逃避**。你試著躲避任何會提醒你有關創傷或與它有關的感覺。

· **想法和情緒中毫無幫助的改變**。這些包括異化的感覺、對你自己和世界的負向態度以及降低對於曾經愉快活動的興趣。

· **激動**。你可能容易驚慌或惱怒，發現很難專注或變得過度警覺。

911恐怖攻擊後，成立了一個實驗室來研究創傷後壓力疾患。恐怖攻擊後的兩個月內，百分之11.2的紐約居民和百分之4的全美居民呈報出創傷後壓力疾患的症狀。不意外，愈接近災難現

11%的紐約客在911恐怖攻擊之後數月，呈報出有創傷後壓力疾患。

了解與戰鬥有關的傷害

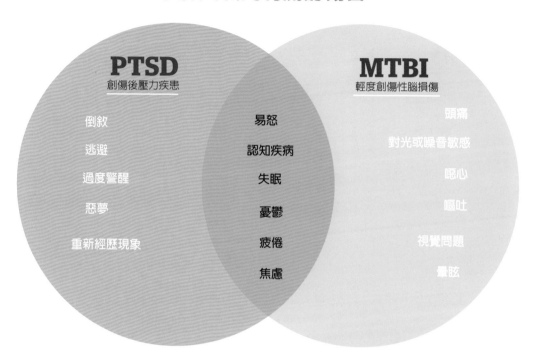

PTSD
創傷後壓力疾患

倒敘
逃避
過度警醒
惡夢
重新經歷現象

易怒
認知疾病
失眠
憂鬱
疲倦
焦慮

MTBI
輕度創傷性腦損傷

頭痛
對光或噪音敏感
噁心
嘔吐
視覺問題
暈眩

場的人愈可能有這個疾患。住在卡農街（靠近世貿大樓）以下的居民，有百分之20描述了創傷後壓力疾患的症狀。位於爆炸中心的第一反應者，有超過百分之6的人也報告了創傷後壓力疾患的症狀。

退役士兵有得到創傷後壓力疾患的風險。

然而，對於911的研究仍包含了希望。在六個月後，沒有任何第一時間反應者還有創傷後壓力疾患的症狀。這種疾患的症狀也在大眾間消失。人是能恢復的。我們當中約有一半的人在一生中經歷了某些創傷事件。只有10分之一的女性和20分之一的男性會發展出創傷性壓力疾患。

》強迫症

你曾在開車去工作時想著：我鎖門了嗎？你曾在空閒時想著你的鄰居可能看起來是裸體的嗎？經過走廊上的滅火器時，你曾有一瞬間的衝動想打破那個上面寫著「火警用」的玻璃罩嗎？

我們所有人有時會有奇怪、迷失的想法和衝動。我們多數將它們視為曇花一

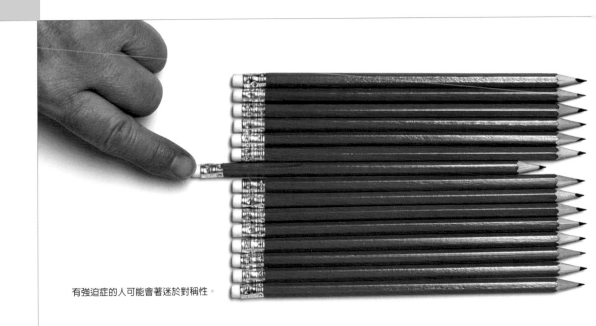

有強迫症的人可能會著迷於對稱性。

現。有著強迫症的人則沒有這麼好運。他們固執的想法不斷重複，主宰著他們的想法且無法退散。強迫症常見的衝動是有懷疑的想法（我鎖門了嗎？我的爐子關了嗎？）（電話上有病菌嗎？桌上呢？那個男人頭上呢？），以及憤怒的想法或圖像（如果我打破那面玻璃呢？如果我傷了那個嬰兒呢？）

糾纏的想法接著會導致疾患的第二部分：強迫行為。為了舒緩這些想法導致的焦慮，人會感到被迫執行重複或過度的行為。一個執迷於

汙染的女人可能會不斷洗手或感到被迫洗一定次數的手。一個被懷疑想法所強迫的男人可能會反覆檢查門把手或爐子。很多有著強迫症的人會伴隨著儀式，如每日都有特定的順序來穿著。他們可能對於對稱性著迷：一支鉛筆必須對齊桌子邊緣；雜誌必須兩兩相鄰的擺在咖啡桌上。不只是一種隨意的怪癖，被歸類於強迫症的行為需要花費一個人顯著的時間（至少每天一個小時）且必須導致明顯的痛苦或功能障礙。

有強迫症的人難以說服自己不採取不適當或暴力的想法。這些想法招致的強烈焦慮驅使他們躲避日常情況。他們會繞過有滅火器的走廊。他們會退出有孩子出席的家庭聚會。生活開始成為一個掙扎。

這種疾患可以出現在相當年輕的年齡。作家和電影製作人莉娜·丹恩（Lena Dunham）寫道，在她八歲時，她忍受了一個範圍內的害怕想法：「有一系列的事物讓我夜晚睡不著，」她在她的自傳中寫著：「包括闌

尾炎、傷寒、麻風病、不潔肉、我沒看到從包裝中直接拿出的食物，我媽媽未曾先嘗過的食物，這樣若我們必須死，也能死在一起、流浪漢、頭痛、強暴、綁架、牛奶、電車和睡眠，且不僅止於此。」她著迷於數字八，且會重覆行為八次。大約會有百分之二到三的人會在他們青少年時期或20出頭時發展出這種疾患。幸運的事，這會隨著年紀減緩。

》焦慮的治療

焦慮疾患和會招致焦慮疾患的想法模式是非常容易治療的。通常醫師會合併藥物和對於病人情況量身訂製的治療法。沒有兩個人是一樣的。認知行為療法（cognitive behavioral therapy, CBT）有著目標性的活動，甚至是家庭作業，涉及患者積極重導向自己的思想和行為，因此特別有效。

舉例來說，用以舒緩廣泛性焦慮症，認知行為療法的施行者可能會鼓勵顧客監控或紀錄她自己的反應。她可

能被教導循序漸進的放鬆肌肉技巧和呼吸活動。治療者可以建議選一個「不用擔心的空間」——可能是早餐時間或開車的時間。若持續的擔憂在不用擔心的空間突然出現，它們會被推遲到稍後的時間和一個不同的地方。

正向信念的練習（請見第八章，第252頁）著重於參與當下時刻，也可以幫助建立一個無預期且和平的心理狀態。

有些焦慮，如社交焦慮，是可以用暴露治療法來加以治療。這是讓焦慮的人漸進

焦點

藉由不幫助來幫助

有強迫症的人並不是一個人受苦。通常他們的家長、伴侶或其他照顧者也會跟著他們一起受苦。為了讓焦慮的伙伴平靜下來，或是單純為了讓他們往前走，照顧者通常會幫忙他們進行他們的儀式。他們會為病人檢查門把、把刀子鎖好，或不斷回答那些憂心的問題。然而，研究顯示，容忍強迫行為會單純讓強迫症變得更糟。

在孩子身上，家長愈容忍孩子的行為，孩子的病情就會變得愈糟糕。在愛侶身上，幫助另一半不只會增強強迫行為，還會讓他們的個人聯繫更加薄弱。那些適應伴侶強迫行為的人呈報，他們的關係變得更糟，並沒有更好。最好是不要讓親愛的人做這些事，而是支持他們正視他們自己的問題。

「人的心中

有一些最好不要去觸動的弦。」

作家查爾斯‧狄更斯(Charles Dickens)

式的暴露於害怕的情況中直到他的焦慮開始減緩。一但他經歷這些，他需要檢試自己那些進入可怕情況的信念，接著評估這些信念在這之後有多精確。舉例來說，一個認為自己除非事先練習所有對話，不然不會在派對裡成功的人，可能被要求放棄這種預防措施，在他聊天

時隨意開聊。之後他將會想著這種經驗，並思考是否能在不練習所有對話時成功。放鬆治療法也可以幫助社交焦慮。人練習放鬆獨立肌肉群（請見第二章，第71頁），可以接著在他們感覺自己要開始在社交場合緊張起來時，召喚出這種放鬆的感覺。

強迫症也是用於暴露治療法。在這種治療取向裡，治療者直接要求病人面對讓她焦慮這些想法或行動，接著克制伴隨而來的強迫行為。對於病菌癡迷的人可能會被要求與陌生人握手，接著克制洗手的行為。一開始是痛苦的，重覆暴露開始藉由之後沒有發生什麼令人害怕的事來重新訓練腦部（請見第九章，第262頁）。

這是好消息，認知行為治療法、接納與承諾療法和其他正向干預療法可以幫助大部分有焦慮的人和其他有著陰影症狀的人。更進一步，很多治療法現在並不只單純停留在緩解無力的症狀，他們會促進激發幸福感，幫助那些心衰的人了解他們不只能生存下來，還可以蓬勃發展。

治療法可以幫助人由焦慮中獲得解放。

» 第八章 «

最終的考量

奧地利精神病學家維克多‧弗蘭克（Viktor Frankl）在第二次世界大戰中被送到集中營，忍受了極大的痛苦。他在《活出意義來》（Man's Search For Meaning）這本書中寫到，在一個寒冷的早晨：

「我們在黑暗中蹣跚前進，走過大岩石和大水坑，沿著一條通往營區的路走。伴隨的護衛隊一直對著我們咆哮，用他們的步槍槍托來驅趕我們……走在我旁邊的男子把領子立起來遮住嘴，突然悄聲說：『要是被我們的老婆看見我們現在的樣子可就慘了！真希望她們在她們的營裡過得比較好，不要知道我們現在的遭遇。』

這讓我想起我自己的妻子。就在我們步履蹣跚地走了好幾哩、在結冰的地點滑倒、又再度相互扶持對方，就這樣拖著對方一次又一次，我們什麼都沒說，但我們兩人都知道：我們都在想著自己的妻子……我了解一個男人就算在這世界上沒有留下任何東西，仍然了解祝福，就在思念他摯愛的短暫一瞬間。處於一個完全荒涼的境地，當一個男人無法以正向活動來表達他自己、當他唯一的成就可能包含在以正確的方式忍受他的痛苦遭遇時—以一種光榮的方式來忍耐—在這樣的情況下，藉由對自己心愛的形象的心愛沉思，實現了成就。」

在恐怖中，弗蘭克發現愛的意義。他發現他的生命有一個目的，可以讓他超越嚴峻的環境。在他從死亡集中營生存下來後，弗蘭克開始以治療師為業，幫助他人找到自己生命中的意義。

就算心理學家致力於鑑別出導致心智疾患的困擾思維模式，他們也重新發現給予人力量的更高等意義。人們根據自己的價值觀努力實現目標並不是一個新的想法。

奮鬥推動我們一步一步實現目標，無論是普通的還是宏大的。

整個宗教和哲學都致力於尋找和定義生活中的美好事物。現代心理學取代了哲學領域的尋找，以科學方式來研究。是什麼給予我們生活意義和目的？精神聯繫有多重要？這些無形的想法如何影響我們的福祉？這些結果代表著無言的奮鬥、價值觀和超越的經驗在日常生活中扮演了一個重要和正向的角色。

你在普通一日中的日常活動可能似乎無關緊要。你去上班、上健身房、去超市、帶你的孩子去練足球、寄電子郵件給朋友。但你的日常活動會反映出你是誰，和你在生活之外想要的是什麼。它們被你的個人奮鬥所驅動著。

人生的全球定位系統

奮鬥就是透過日常行為追求的有意義的目標。每個人都有自己獨特的奮鬥模式，可以反映出他的價值觀、力量和承諾。它們無需代表現在的你，但可以是你想要成為的人或是你想要成就的事。它們的志向是一個目標或一組目標，當目標達到時，你就會感到滿意。

你可以把奮鬥想成人生的全球定位系統（是一套好的

全球定位系統，不是那種會會帶你開到橋下的。）我們輸入我們的目的地，一次跟隨一個方向，相信每一次的移動都將讓我們更接近我們想去的地方。這個生活地圖提供我們結構和順序，有助我們在對與錯的十字路口做選擇。

奮鬥可以推動我們朝宏大的或普通的目標前進，這些目標本身可能也可以再被分為次目標。舉例來說，如果目標是變得更吸引人，那你可能會努力做更多運動、吃少一點或穿得更好。心理學家羅伯·艾曼斯（Robert Emmons）在他的研究中列出了一些典型的個人目標：

- **避免讓任何事物惹我生氣。**
- **努力提高運動能力。**
- **透過現在的朋友認識新人。**
- **向他人推廣幸福和希望。**
- **接受他人原來的樣子。**
- **做自己、不做那些取悅他人的事。**
- **兩餐之間不吃東西以減輕體重。**

問問你自己

你為了什麼奮鬥？

無論你的年齡或在生活的什麼階段，特定的目標或目的會使你有動機。這些目標可以是正向或負向的，舉例來說，你可能試著成為一個好榜樣，或是你可能試著躲避被注意到。

你為了什麼奮鬥呢？在一張紙上，寫下八個奮鬥目標，如下：

我通常試著＿＿＿＿＿＿＿＿＿＿＿＿＿＿＿。

＿＿＿＿＿＿＿＿＿＿＿＿＿＿＿＿＿＿＿＿

你的奮鬥可以是正向或負向的，廣泛的或特定的。接著，對於每項奮鬥，用以下的量表選擇代表你同意或不同意每項陳述的數字。請描述你在過去一個月中的的感覺，包括今天。

	強烈不同意		中性		強烈同意

1. 這樣奮鬥對我而言是重要的，我致力於此。
   　　1　　　2　　　3　　　4　　　5
2. 在過去一個月我在這項奮鬥上有所進展。
   　　1　　　2　　　3　　　4　　　5
3. 我在這項奮鬥上經驗到困難和挫折。
   　　1　　　2　　　3　　　4　　　5
4. 我從這種奮鬥中獲得一種目的和意義的感覺。
   　　1　　　2　　　3　　　4　　　5
5. 痛苦干擾了我完成這項奮鬥。
   　　1　　　2　　　3　　　4　　　5
6. 重要的人支持我從事這項奮鬥。
   　　1　　　2　　　3　　　4　　　5
7. 這種努力不符合我的最佳利益（我對此感到矛盾）。
   　　1　　　2　　　3　　　4　　　5
8. 當我奮鬥成功，我傾向經驗了最棒的愉悅感。
   　　1　　　2　　　3　　　4　　　5
9. 我傾向花費很多的努力和經歷來試著奮鬥成功。
   　　1　　　2　　　3　　　4　　　5

你可以使用本書後附上的奮鬥評估量表來對這些目標評分（請見第294頁）。

- 不要成為物質主義者。
- 在他人眼裡看起來聰明。
- 在任何情況下都心懷感恩。
- 回報善意。
- 讓我的小狗快樂健康。
- 做讓上帝開心的事。

趨近或躲避（見第六章，第185頁）也適用於奮鬥，就如同它們也適用於其他行為。一個趨近導向的人趨近或試著獲得他所奮鬥的：「我將會在這週結束前完成那個作業。」一個躲避導向的人會試著不要做某些事。他想躲避、阻止或擺脫奮鬥的事物：「我將避免拖延時間。」

整體而言，一個趨近導向的心智思維是較為健康的思維模式。舉例來說，戰爭退伍軍人的研究顯示，一個趨近導向的奮鬥與最終幸福之間有清楚的聯結。研究者要求有和沒有創傷後壓力症候群的退伍軍人描述他們在日常生活中爭取的事物。接著研究者要求他們寫一份14天的日記來衡量他們幸福和自尊的程度。整體而言，有創傷後壓力症候群的退伍軍人較可能有躲避導向的奮鬥。他們傾向貢獻他們的精力來躲避負向結果，並用來控制他們的情緒。因為（就像我們所有人一樣）他們的內在資源有限，這些奮鬥會帶走這些退伍軍人可以貢獻於更有意義的追求和更正向目標的時間和精力。結果導致他們的日常生活被標記著較低程度的自尊和整體福祉。

另一方面，那些有創傷後壓力症候群且呈報出較正向奮鬥和趨近導向目標的退伍軍人，他們的日常生活表現要好得多。他們的幸福程度與其他沒有創傷後壓力症候群的退伍軍人相似。有創傷後壓力症候群並不表示就注定要一輩子掙扎。若他們組織他們有限的時間和正向生

有強烈野心的總統，如理查‧尼克森，可能不願意妥協。

「尋找幸福

沒有一個簡單的方程式。」

心理學家丹尼爾‧吉爾伯特 (Daniel Gilbert)

想要變得更親近你的家庭是一種趨近導向的奮鬥。

活目標和奮鬥周圍的情緒資源，他們依然能過得很好。

》目標由你作主

這些動機是從哪裡來的？你可能告訴你自己你真的很想獲得升遷，或是你渴望更親近你的家人—但你真的是這麼想嗎？為了擺脫罪惡感或因為他人的要求而奮鬥，往往會導致壓力與失敗。心理學家建議你問問自己，那

慷慨是一種想親近和給予他人的渴望。

今日的
心理學家
研究幸福的
科學。

些目標是否真的是你自己的，並且做出適當的動作。然而，需要注意的是，比起無法達成別人為你設定的目標，無法獲得你真心想要的東西會帶來更強烈的失落感。

研究顯示，自身的努力和自己真實的價值與興趣之間有衝突的人，有較高的憂鬱度和更多的身心抱怨。他們較無法達成目標，且較容易花時間在擔心上。這種矛盾傾向導致停滯。在真正自主的情況下，我們奮鬥會更容易成功。

尋找意義

精神病學家維克多．弗蘭克（Viktor Frankl）在他尋找意義時所遭受的苦

奇蹟

37歲的腦科學家吉兒・伯特・泰勒（Jill Bolte Taylor）於1996年12月10日經歷了一種意識的深刻轉變，很少有人能夠生存下來。她大腦中的畸形血管破裂，淹沒了她的左腦並導致嚴重中風。她的左半腦——掌控順序、分類、時間感覺、文字和數字的辨識——停止正常運作。她的右半腦——掌控感知格局、情緒狀態和當下時刻——接管了這些。隨著痛苦、困惑和部分癱瘓，泰勒開始體驗一種與宇宙其他部分聯繫的精神意識。

「在沒有世俗時間的深處，」泰勒在她的書《奇蹟》（My Stroke of Insight）中寫道，「我的世俗軀體界線溶解了，我融化到宇宙中……我不是權威。」她繼續寫道：「但我想佛教徒會說我進入了一個他們稱為涅槃的存在模式。」

泰勒從中風中復原花了八年時間，她在其中重新學習如何閱讀和控制她的身體。但對一位腦神經科學家來說，這個經驗是對腦部精神過程的珍貴體驗。

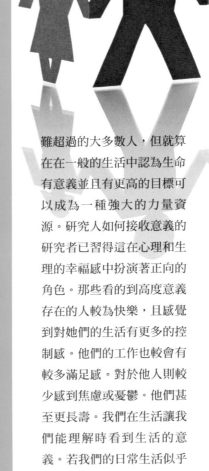

難超過的大多數人，但就算在在一般的生活中認為生命有意義並且有更高的目標可以成為一種強大的力量資源。研究人如何接收意義的研究者已習得這在心理和生理的幸福感中扮演著正向的角色。那些看的到高度意義存在的人較為快樂，且感覺到對她們的生活有更多的控制感。他們的工作也較會有較多滿足感。對於他人則較少感到焦慮或憂鬱。他們甚至更長壽。我們在生活讓我們能理解時看到生活的意義。若我們的日常生活似乎是能夠令人了解，就像是發生的事符合理性和可預測的模式，我們就可以再度確保我們正以我們應該有的方式來過生活。我們也會在超越中找到意義，從某種意義上講，這些事件具有深刻的意義，可以與更大的格局聯繫起來。

也許沒有意識到，但我們大多數人在日常生活中都會積極尋求意義。當我們在一個週末清理鄰居的走道，而他在下一個週末清理我們的走道時，這就確認了人是慷慨的。儀式也是一種意義的正式標記。一場婚禮、一場受洗或畢業典禮，能確認我們的生活是以一種能夠理解的方式在進行。

在我們生活的困難時刻，重申我們的價值觀可以幫助我們面對自己的死亡，這是生活中最大的挑戰之一。

「愛是一種奇妙的狀態，
深刻，溫柔且有酬賞性。」

心理學家哈利·哈洛(Harry F. Harlow)

我們不只偵測到意義—我們也創造它。當生活中的事件難以理解，我們多數人會感到苦惱，會努力重塑我們對它們的理解，直到我們的世界重新獲得秩序感。一位親愛的人過世之後，我們可能可以安慰自己，相信她已經去了一個更好的地方。在面對嚴重的疾病時，我們可能可以找到自身力量的意義，並重新欣賞世界的美麗。

在面對看來無意義的事件時，人可能也會藉由重新建立他們在生活中其他方面的意義來彌補。他們並不總是以正向的方式來做。在一個研究中，那些被告知他們沒有通過字詞關聯作業的人更有可能歧視另一群人。對他們自尊的威脅導致他們經由貶低他人來重建社會地位的感覺。在另一項調查中，那

些在自己的生活中表現出不一致的受試者，開始對其他無關主題（例如死刑）的信念反應變得更加僵化。

一個1940年代哈佛大學的紙牌實驗，證明了人如何在

不協調的事件中掙扎。研究者向學生展示了紙牌的圖片，並要求學生辨識它們。一些紙牌是正常的，其他的則被調換了顏色—例如方塊變成黑色。人看到顏色被調

人可以在美麗和超越中找到意義。

我們可能可以藉由思考我們在這個世界上的位置來尋找意義。

慶典儀式是意義的標誌，例如沃達貝人的選美大會。

換的紙牌，會有以下四種反應之一：

- **主導**：他們就是沒有接收到新的顏色，會將黑色方塊看成紅色的。

- **辨識**：他們看到了新顏色，且調整了思維，認為方

塊可以是黑的也可以是紅的。

- **妥協**：他們看到了真實和錯誤資訊的混合。紅心六可能會被看成紫色的。

- **瓦解**：他們單純無法處理眼前所見，也無法反應。一個焦慮的學生說：「不管怎樣，我都看不出那是什麼牌。那時候，它甚至看起來不像紙牌。現在我根本不知道那張牌究竟是什麼顏色、是黑桃還是紅心。我甚至不

確定一個黑桃看起來該是什麼樣子。老天爺！」

相對於瓦解反應所帶來的焦慮，辨識所代表的是成功創造意義，是一種對新環境的彈性反應。我們可以把這個應用在生活中所有令人困擾或看似無意義的事件上，退一步，接受這些事件成為新世界觀的一部分。

較高的意義

意義幫助你理解你的生

在艱難時刻，我們創造意義。

活。目標給予你生活的方向。

你對自我目標的感覺是認同感的中心。這可以基本如你必須回饋你的群體這種想法。創造藝術或照顧家人就是目標。海軍陸戰隊在上帝、國家和軍團中找到目標。

目的感並不是目標本身，不是一種達成了之後就可以擱置的東西。但它可以給予日常生活一種無形的組織原則，一種行為的框架。目的塑造了很多你的目標和決定。它可以幫助你決定如何使用你的時間和資源。它可以在艱難的環境中增強你的耐力。維克多·弗蘭克引用尼采關於目的的話：「人若有一個存活下去的理由，就可以承受一切苦難。」

目的的其中一個最有趣的面向就是有目的的人似乎較長壽。長達多年的大規模研究顯示，相較於他人，有強烈目的感的受試者死亡率比較低。比起沒有目的感的人，義工、願意提供社會支持的人、養寵物的人和那些參加宗教服務的人比較長壽。

目的可以阻止壞習慣。一個古柯鹼成癮的人的研究顯示對，生活的目的感可以預測他們避免復發的能力。有目的的人似乎可以在壓力下維持冷靜。舉例來說，很多研究顯示，若被不同種族或民族的人包圍，人的壓力會比較大。在一個實驗中，研究者要求受試者搭乘火車，會經過芝加哥一個多民族的區域。那些有較高目的感的人並沒有感覺到焦慮上升，但那些較低目的感的同伴則有。更進一步，在上車前十分鐘被要求寫出他們對於生活目的感的受試者，也呈報了他們對於壓力的無感。

目的感甚至似乎能抵抗阿茲海默症的破壞性影響。例如，246位年長

試試看

尋找意義

我們每個人都有自己的自傳，一個不斷演變的故事，有重要的章節、關鍵場景、轉折點、主角和課題。我們將自己的經驗組織進入故事中，用來解釋我們是誰、我們如何到達這裡以及我們可能會前往何處。這些個人敘事告訴我們我們如何看待自己和我們存在的大主題。試試看這個小的寫作活動來看你可能在何處找到成長和你生活中的意義。

從童年開始，反思你的生活，並確認出兩個發生成長的區域——當你獲得洞察力或改變自己的時候。給出特別的例子，提出越多細節越好。重新閱讀這些事件並辨認任何共同的主題。問問你自己的成長如何與你的價值觀保持一致。接著，想像一下類似的成長時刻發生的未來情景，你會怎麼做？又會有什麼感覺呢？

不要過度從中央檢視。你若把生命中的每個事件都拆開來看，就會喪失其中意義。建立在一般生活有意義的假設之上，你會做得很好。

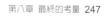

軍人在服務他們的國家和單位中找到目的。目的塑造我們的目標。

受試者在拉什記憶和年齡計畫（Rush Memory and Aging Project）中參與了問卷調查，評估他們的目的感（他們評估他們對一些陳述的同意程度，如「我活在當下，並沒有真正的想到未來。」或是「有些人漫無目的地在生活中游蕩，但我並非其中之一。」）研究人員隨著時間的推移評估了他們的認知功能，以及在他們死亡過後檢驗他們的腦部，特別針對阿茲海默症的腦部病徵斑塊（plaque）和神經糾結（tangle）來檢驗。他們發現，無論腦部實際的受損狀態如何，受試的目的感和較佳的心智運作有直接相關。換句話說，有目的的人似乎有著較佳的認知儲備，可以讓他們在有疾病的情況下，仍能欣欣向榮。找到目的感，並仔細思考它，或許能幫助任人因應生活中的起伏。

目的感可以是組織生活的一種原則。

精神自我

在1901和1902年，心理學家和哲學家威廉‧詹姆斯辦了一系列講座，其

後發表為《宗教經驗之種種》（The Varieties of Religious Experience）。在這些講座中，他考量了在歷史上的人如何在宗教中找到不同的價值觀，他將此定義為「一個人在孤獨中的感受、行為和經歷，只要他們理解自己站在他們認為神聖事物的立場上。」在20世紀末，心理學家開始從詹姆斯遺留之處，回歸他們的注意力於宗教和精神在人的生活中所扮演的角色。他們辨識到，對很多人來說，精神信仰賦予他們生命的目的和意義。

宗教和精神重疊：宗教通常包含一種超越平凡存在的信念，編纂至某種程度的道德法律，傳統和社區中。精神可以被定義為一種內在的歸屬感、連通性和對無限的開放性——以心理學家肯尼斯‧帕爾格蒙特（Kenneth Pargament）的話來說就是「尋找神聖」。這種尋找可能會滲透到日常體驗、目標、角色和責任中。有宗教信仰的人通常是有靈性的，但有靈性的人不一定需要有宗教信仰。

》宗教的角色

研究者開始將注意力回歸於宗教，是因為他似乎對於一個人的幸福感有著一種顯著且正向的影響力。嚴格地從進化的角度來看，我們可以看出為何可能是這樣。宗教規範和宗教團體符合很多基本的人類需求。宗教團體建立起友善的聯盟抵禦外人；他們聯繫在一起幫助病人和老人。宗教限制，如洗手或治療儀式，可以促進健康。有所規範的社會角色，從祭司或薩滿祭司都可以維持社會秩序。

今日，有宗教和有靈性的人比起他人有較佳的生理健康。活躍於宗教的人，入院率較低、免疫系統較強、壓力荷爾蒙水平較低。他們也有顯著較低的死亡率。一項大規模的調查包含了超過2萬名的美國人八年來的結果發現，那些沒有參加宗教儀式的人死亡可能性是經常出席宗教活動的人的1.87倍。

目的感幫助了社運人士馬拉拉‧優素福扎伊（Malala Yousafzai）度過艱困的時刻。

「我相信一件事——那就是，只有為他人而過的生活，才是值得過的生活。」

物理學家亞伯特・愛因斯坦（Albert Einstein）

換句話說，出席宗教活動可能增加了八年的壽命。一些其他研究，從以色列到加州，都有相類似的發現。

當然，宗教活動的參加者也可能有其他習慣在某種程度上導致長壽。活躍於宗教的人相較於他人而言，較少喝酒和吸煙。有些宗教要求健康的飲食，例如素食。宗教團體通常會鼓勵積極的生理參與，更進一步的是，宗教本身的本質就是社會性，而社會性也同時與健康緊密相關。穩定的婚姻和朋友圈讓人在健康不佳的情況下，仍維持參與感和被保護。

然而，這些因素無法解釋有宗教信仰和無宗教信仰的人在死亡率上的差異。其餘的似乎歸因於較無形的好處——可能是意義感或是希望宗教信仰可以被傳授下去。精神信念會幫助人因應改變，包括至親死亡這種受到衝擊的經驗。精神上的目標啟發人們堅持不懈。研究已經重覆顯示有精神奮鬥的人比其他人更快樂，同時也呈報出對於生活有較大的滿足感和較好的婚姻。找到精神目標的人相較於其他物質上的目標，感覺更有酬賞性。

精神信念在它們寬廣且有彈性時最為有利。視上帝為嚴格、憤怒和懲罰的人比其他人承受更多的壓力。這些狹隘的觀念也會導致偏見。一個包含一萬一千位歐洲人的研究發現，那些相信「只有一種真實宗教」的人對少數民族比其他人更有偏見。當信徒在面對邪惡問題和世界上的苦難時，將上帝視為純粹保護和關愛，也可能會導致認知失調。

》精神轉變

一個人人生故事中最戲劇化的事件之一就是信教。很多著名的宗教事件中心就是一種精神上的轉變：例如，保羅在通往大馬士革的路上所見的耶穌或是釋迦牟尼在菩提樹下的頓悟。

一個宗教的頓悟並非改變一個人的基本人格特質。然

靈性和信仰可以為生活增添意義。

焦 點

食物和宗教

宗教和食物兩者都在把社群團聚在一起上扮演了重要的角色，並且自然的跟隨著一種規則，那就是一個人的宗教信仰對於他們的飲食習慣有所影響。很多東方宗教，例如耆那教和印度教的大多數流派都要求素食或是純素飲食。這些宗教練習的重點是減低苦難和暴力─為了你自己的生計而奪取動物的生命，就違反了這項原則。

當其他宗教可能沒有禁止食用所有的肉類時，一些宗教禁止了某些種類的食物，或是規定食物必須要以某種特定方式準備。伊斯蘭教和猶太教的實踐者不能吃豬肉，拉斯塔法里教避免吃紅肉。很多宗教鼓勵適度的放縱，如飲用酒精飲料和食用甜點。

遵從特定宗教所規定的一套信仰，影響一個人與整個世界和世界中所有事物的互動方式。

而，這會改變她的目標和奮鬥，同時也會改變她的基本生活敘事。一個最近信教的人可能改變她的職業選擇，例如從業務員轉為老師，或是包含一些新的日常祈禱目標，又或是接觸他人。宗教經驗可以深刻影響一個人的生命意義感受。

有不快樂、創傷性或壓力童年的人更有可能會信教。信教通常發生在青春期，此時為一種壓力、改變和尋找認同的時期。信教的人通常說，他們在信教之前有感覺不足或是無法形成穩定依附。信教之後，他們感覺增強了目標和能力。

≫冥想與正念

冥想是一種最古老的精神練習之一，在腦部掃描和認知治療的時代，已重獲關注。冥想是一種心智練習，讓一個人以非判斷的方式向內或向外引導他的注意力，達到放鬆與和平的狀態。冥想者放下了反思、令人擔憂的想法，支持更大的精神意識。冥想被認定為與東方宗教一致。印度教徒、道教徒和佛教徒為了超越自我而進行冥想，並藉由更大的現實來達到啟發和團結。西方宗教在冥想上也有很長久的歷史，有時冥想是以沉思或祈禱的名義來進行。在14世紀時，西奈的聖格雷葛瑞（St. Gregory of Sinai）寫道：「我們在祈禱生活中的目標是揭示我們內在的神聖存在。」他認為虔誠地「獨自坐下並安靜。低下頭、閉上眼睛、緩和的呼吸並想像你自己看入你自己的內心… 當你吐氣時，說著『主耶穌基督請憐憫我。』……試著將所有其他的想法放到一邊。」

今日，冥想有很多的形式，有些是宗教類型的，有些則是世俗形式的。正念冥想是最流行且被研究最多的冥想技術之一。我們所有人都有自動駕駛操作的經驗 ─ 在不知道路的情況下開車到商店、吃飯時卻沒有好好品嚐餐點、在沒有記下他人臉孔的情況下與人會面。正念

的目標能恢復我們對生活的意識。這表示著有意識地存在，保持對你的周圍環境、感覺、思想和感受的即時感知，而不會對它們作出判斷。

》慈愛

慈愛冥想是另一種沉思技術，被用來建立對自己和他人的同情。同情字面上的意思意味著「感同身受」。一個富有同情心的人不只是對痛苦敏感，而且想要緩解痛苦、自我同情，也就是意味著使用我們展現於他人的善意來對待我們自己。練習自我同情時，我們會對我們的情緒加以關注，並找到方式來緩解我們自己的痛苦。使用功能性磁共振造影的腦部功能研究顯示，腦部的同一區域（左顳葉和島葉）在人對於他人感同身受，和他們安慰自己的時候是一樣活躍的。

自我同情與幸福和樂觀息息相關。然而，自我同情的人並不是波麗安娜（Pollyanna，意指過分樂觀的人）。他們並沒有盲目樂觀的世界觀。善待自己的人比其他人更能將負面情緒保存在意識中，既不否認它們的存在，也不會從中遭受過多的苦難。研究顯示，自我

正念和冥想促進一種對於你周遭環境的感知。

試試看

保持正念

對於你周遭世界更有正念對你的健康有益。這些簡單的活動將幫助你使用你所有的感覺。

»全身評估。從你的頭到腳趾，聚焦在你身體的每一個部分和伴隨它們的感覺。花些時間欣賞並接受當前形式的身體。

»深吸一口氣。花一點時間去感覺、去聆聽並看見你呼吸的形式。密切注意你的呼吸如何反映你當下的情緒狀態。

»注意平凡事物。在你通常聚焦於你的目的地或要完成的作業時，停下來並接收那些通常會落入背景的刺激。

»聚焦於食物。拿一片食物，使用你每一種感覺來觀察它的細節。注意你拿起它的重量、它在你的手裡如何感覺、它的質地和味道以及它在你舌頭上的口味。

»將你的想法從你自己分離出來。那些在你腦中環繞整天的情緒和想法，並不會定義你是誰。

»走一走。你不用總是維持穩定的冥想。散個步，穿過房間或走入一條小徑，並且聚焦在你身體移動或支持身體的方式。

同情跟反思智慧有關：一種自我意識、自省力和能夠看到真實生活的能力。正念是自我同情的一個元素，因為它就是要你以一種平衡的方式意會自己的情緒（包括負面情緒），既不誇張也不小題大作。

你可以不需要冥想就建立自我同情。舉例而言，連續一星期，每天寫一封自我同情的信給自己，這樣的活動顯示出可以增加長達六個月的幸福。然而，慈愛冥想也是有效的。在這個練習中，冥想者坐著並閉著眼睛，重複正向意念的短句（「希望我會健康，」「希望我會平靜」），接著將這些短句也導向他人。

»冥想的好處

冥想的研究已經重覆顯示，練習冥想可以減緩壓力、促進生理健康、增加幸福感和生活滿足感。例如，心臟病病人的研究發現，那些練習相對簡單放鬆技巧的人，如減慢速度、對他人微笑以及冥想著他們的呼吸，減低了百分之50心臟病發作的機率。在療養院中，每日冥想降低了死亡率。

冥想，至少由那些大師的練習，會對腦部產生生理性的影響。一個對於藏傳佛教冥想者的研究，藉由正電子發射斷層掃描來測量腦部血流，當他們在冥想時，他們的頂葉—腦部負責我們空間和時間的部分—變得較不活躍。冥想者當時正在超越尋常的心智限制，這些限制在他們獲得更大的精神意識時定義了他們的身體。這種對無限的開放感是橫跨所有信仰的精神核心。

你無須成為佛教大師來尋找意義、目的、甚至超越你的日常生活。當我們試圖理解看似隨意的生活時，我們多數人以微小的方式尋找意義。我們當中有許多人不僅在宗教，而且在音樂、自然或愛情中觸動精神。結果發現這是一個非常健康和正向的練習，補足了我們建立自己的能力、價值觀和優勢的追求。

>> 第九章 <<

建立更好的自我

2011年，一些史丹佛大學的研究者報告了一個卓越的發現：要求有輟學風險的大學生閱讀一份簡短的問卷調查、寫一篇文章，並發表演說來提高他們的成績，這將他們與其他學生之間的成績差距減半，甚至在三年後改善他們的健康狀況。這兩位研究者進行了所謂的「干預」：並不是要家人勸說進入治療，而是一種簡短的、無威脅性的活動。他們知道一些邊緣化的學生群體，如非裔美國人，在大學裡的成功率低於其他人。在他們的干預裡，他們要求非裔美國大學生閱讀一份問卷，問卷中陳述多數學生們起初感覺不合適待在大學裡，但隨著時間的過去變得更加自信。接著學生被要求寫一篇文章，描述他們自己的經驗如何反映問卷中的那些陳述。

最後，學生將他們的文章轉化為演說，並且被錄起來激勵他人。

在大學第一年完成這項活動的非裔美國學生，成績比其他沒有參加的人進步許多。平常在他們與其他歐裔美國學生之間的差異，在他們大學第四年時降低了百分之79。在這個時候，他們也感覺比沒有參加的同伴們更加快樂和健康。他們不知道是這項干預導致如此的結果——他們只知道他們成功了。

從古典佛洛伊德精神分析的時代開始，心理學已經走過了漫長的道路。那些年來在沙發上所歷經的面談，探討壓抑的性慾和解析夢中隱藏的意義，已經讓位給針對特定問題行為的短時間技術。簡單的干預，如史丹佛大學所進行的研究，已經被證明對日常問題有驚人的成效。被用來對抗憂鬱症或心智疾患的藥物現在是標準精神病學武器的一部分。

心理學家也將他們的注意力轉向日常生活問題，例如在史丹佛大學研究中所探討的不夠成功的問題。隨著新

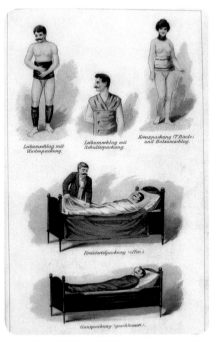
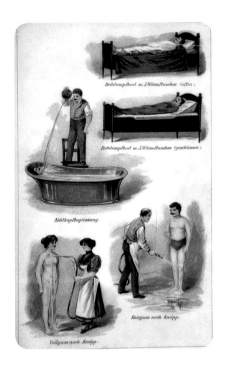

水療法用於治療心智疾患已經超過200年的歷史。

研究的到來,他們正在尋找一個普通人能過得更健康、強壯以及更正向的生活方式。

傳統治療法

那些渴望談話治療美好時光的病人應該了解到,通往現代治療法的道路是一條艱難的道路,在此過程中沿途留下了不少傷亡人員。從啟蒙運動開始,一直持續到20世紀,心存善意的醫生使用各種令人眼花繚亂、痛苦且危險的技術來治療心智疾患。通常醫生試圖兼顧科學和人道。在這大部分的歷史上,精神疾患沒有得到有效的治療,患者僅被侷限於有束 且殘酷的收容所中。隨著現代神經學的出現,很多醫師開始相信心智

「我們的呼吸是我們身體和心靈的連繫。」

佛教禪宗僧侶 釋一行禪師

疾患可以被視為一種嚴格的身體疾病，可以藉由電擊身體甚至是切入腦部來加以治療。舉例來說，在1700年代，傑出的美國醫生班傑明‧拉什（Benjamin Rush）推薦使用把病人綁在一張搖椅上並旋轉他來治療「腦充血」。以冷浴、蒸汽浴或包入濕亞麻布的形式進行水療法，作為治療激動病人的方式，也一直持續被使用到1950年代精神病藥物出現。20世紀的治療法還包括誘導胰島素昏迷和最臭名昭著的腦葉切除術（lobotomy），這種由葡萄牙神經外科醫生埃加斯‧莫尼思（Egas Moniz）在1953年創立，對前額葉所做的殘忍手術，一直被良好進行至1960年代。

》》開放建議

在神經科醫生將他們的患者電擊或切除他們病人腦部以進入新的心理狀態時，很多精神科醫師正在進行一種較為溫和的治療：內省和精神分析。他們相信心理問題是功能性的，而非生理性的—是壓抑衝動、童年經驗和隱藏在內部衝動的結果—他們專注於藉由討論和解釋來治療病人。今日，傳統談話治療已演化為心理動力療法。這些現代的談話治療與傳統的佛洛伊德式分析已相差很遠，也考量了較多科學背景。就算是這樣，很多人持續相信兩種復古治療法的有效性：重心提取被壓抑的記憶以及夢境的解釋。儘管這些可能對於參與其中的人會覺得很著迷，但幾乎沒有證據表明這些方法可以作為

焦點

瘧疾治療

在20世紀早期，入住精神病院的男性中，有百分之5到20的人被診斷為「麻痺性癡呆」。他們的症狀結合了精神病和麻痺，最終導致可怕的死亡。奧地利醫師朱利葉斯‧瓦格納－堯雷格（Julius Wagner-Jauregg）觀察到精神病人有時會在高燒後改善症狀，他便開始將有得過三級瘧疾的第一次世界大戰軍人血液，注射入病人體內，用以治療麻痺性癡呆。一些並無獲得其許可就被注射的發燒麻痺性癡呆病人死亡了；有一些則在注射後改善了症狀但又復發；其他病人恢復了生理和心理的健康（後續以奎寧來治療瘧疾。）瓦格納－堯雷格的瘧疾治療法很快速的被注意到，這位醫師在1927年獲頒諾貝爾獎，成為第一位贏得此獎的精神科醫師。

為什麼這種戲劇化的方式可以達到效果呢？當瓦格納-堯雷格開始他的研究時，醫生們認為麻痺性癡呆是神經性梅毒的結果，它的後期症狀同時有著生理和心理的症狀。瘧疾引發的高燒可以殺死造成這種疾病的螺旋菌。在1940年代，隨著青黴素的引入，已不再需要這種高燒治療法。

就醫學上而言，這種治療法是有效的，是現代製藥方法引領至精神病學的先驅。就道德上而言，注射瘧疾到無法同意且麻痺的病人體內，是不合理的。瓦格納-堯雷格的方法及其後在納粹黨中支持他的人，以及就優生學而言，都讓他的名字在精神病學史冊中黯淡了。

治療方法，有些證據顯示這些治療方是會更加誤導你。

在佛洛伊德的觀點中，壓抑是一種常見的防衛機制，用來阻擋意識中痛苦的情緒或記憶。有時這些壓抑的記憶或衝動，會以偽裝的型式出現在夢中。大多數人，包括一些治療者，持續相信我們會埋藏有威脅性的記憶於無意識中，這樣我們再提取或管理這些令人沮喪的意外時將會較健康。科學並不支持這一點，研究顯示，創傷

大腦是可以被暗示的，我們自己的記憶是非常容易出錯的。

意外，如性虐待或目擊犯罪，更容易被燒錄在記憶中而不是被遺忘。有時一件意外可能部份被遺忘或是故意被忽略了，可能被環境中的一項線索而引發自發性的恢復。但無論記憶是真的被壓抑，並經由治療法或催眠術將記憶帶回，都還是存有爭議性的。

我們現在知道記憶是易出錯且開放被建議的。舉例而言，一像典型的研究要求學生單純想像一件童年事件，如用手打破了一扇窗戶。之後，有四分之一的學生相信這個事件真實發生過。在另一項實驗中，記憶研究者伊莉莎白‧洛芙特絲（Elizabeth Loftus）給兩組人看一部交通意外的影片，並詢問一組人「當車子砸中對方時，車子的行駛速度有多快？」以及問另一組人「當車子撞到對方時，它們的速度有多快？」一星期之後，她詢問兩組人他們是否曾在影片中看到破碎的玻璃，曾聽到「砸中」這個字的人有多於兩倍的人說他們曾看到破碎的玻璃，但實際

上影片中並無破碎玻璃出現。

一位善意的治療者可能會相信一個客戶的行為代表著童年的性虐待，藉由一些問題試探病人，如「你確定你沒有被虐待嗎？試著想像那個場景，」這很有可能最終讓病人只是單純描繪了一個場景。這並不表示童年的性虐待沒有發生—遠非如此—但這很難被遺忘。真正被壓抑的記憶，能被問題所提取的，很少見的會是最好的記憶。

夢境解釋，經典精神分析的另一個主要內容，也同樣無法經得起科學測試。雖然佛洛伊德相信一個夢境的潛在內容和它的隱藏意義會揭露心理真相，沒有太多證據證明夢境想像是象徵被禁止的想法，或夢境分析可以引領有幫助的內省或緩解心理

問題，如焦慮或憂鬱。如同其他分析的方式，夢境解釋實際上可以灌輸錯誤的記憶。舉例而言，在一個研究中，很多學生被錯誤的告知他們的夢境，夢境代表他們在早期童年時曾被霸凌過，或是他們曾在公共場合走失，這些學生之後便呈報了他們對於這些事件的記憶。

「這根本沒用！」

有些回憶很精確：「我的父母和我去了貝爾維猶廣場購物，在他們幫我看些衣服時我跑開了。我只好在警衛室等待，直到他們前來。」

》真實性

像腦葉切除術這樣的戲劇性醫學治療弊大於利，而很多心理分析治療法則經不起

「對於生活中的不愉快事件，
你大多是『選擇』了跟自己過不去……
你的感覺主要是跟著你的思考模式走。

心理學家亞伯特・艾立斯（Albert Ellis）

科學審查，那麼我們為何要堅持這些無用的方法呢？

研究者、醫生和病人同樣有一種共同的人性傾向，喜歡通過合理的假設來看世界。不難理解我們會壓抑創傷記憶，假設一個夢境裡的戲劇化圖像是有意義的，這也是很合乎邏輯。一些東西看來似乎很簡單。

例如，「恐嚇從善」（Scared Straight）計畫中，讓少年罪犯面對監獄生活的可怕現實似乎是明顯有效的方法來阻止問題青年陷入未來的犯罪中。從1970年代開始，恐嚇從善計畫提倡者聲稱成功率高達百分之90。然而，一項全國性大規模對於這些計畫的分析描繪出不同的結果：參加恐嚇從善計畫的孩子實際上在之後更有可能犯罪。原因仍不清楚，雖然可能是這些計畫將少年罪犯們聚集起來讓他們有了不幸的同儕支持。

我們持續使用無效治療法也是因為我們相信了那些證實我們偏見的證據，而對沒有被證實的打了折扣。病人想要改善；他們的醫生想要

◎ 焦 點

夢有什麼好處？

若夢境並非如佛洛伊德所認為的「是通往無意識的康莊大道」，那麼它們是什麼？我們為何做夢？

我們並不真正了解其中的原因。神經科學家和睡眠研究者已有許多理論，夢境會合併日常生活事件、情緒和圖像，在做夢的過程當中可能可以幫助腦部穩固當日的記憶。在學習一項新作業後獲得整夜睡眠的人，通常會增進他們的技能。另一方面，睡眠被剝奪的人，相較於其他人，則被發現很難學習新的作業。

夢境可能在睡眠時刺激或保存神經通路。或者是，夢境可能只是單純反映隨機的神經活動，是一種心智的背景噪音，讓腦部試著將其塑造出意義。腦部掃描顯示與情緒有關的腦部邊緣系統在睡眠做夢時反應活躍，這可能是夢中情緒內容所造成的一通常是負向情緒，與大部分的夢境包含一些害怕或失敗的感覺有關。

沒有任何一個理論是完全令人滿意的解釋夢境。它們並無法完全解釋為何我們可能夢到我們從未經歷過的經驗，或是腦部為何或如何可以由隨機的訊號製作出一個連貫的故事。

病人和醫生會尋找任何改善的微小跡象。

他們被改善；雙方都將抓住改善的跡象並對相反的證據打折扣。控制的幻覺加強了這種傾向。我們都想要認為我們可以控制自己的生活，所以我們努力相信我們的努力正在發揮作用。尋找一種不存在的因果關係是另一種常見的錯誤，只因為我們前往治療並同時改善症狀，並不自動意味著是治療導致了改善。就像大家說的，相關

以夢境解析作為治療方法，沒有任何科學證據支持。

並非因果關係（舉例而言，婚禮和自殺的高峰都在六月，但這不表示其中之一導致了另一項）。

當然，我們多數人抵抗改變。我們已習慣於某些種類的治療。我們已研讀它們很久了，我們看到它們出現在電視上，所以我們很難擺脫現狀。

有效的療法

要避免這些自然的錯誤和促進更有效的治療，心理學家推動實證本位。如果你正在思考任何一

種治療，你應該尋找三種東西：

· **最好的研究證據**。你的治療應該被科學研究支持，可以的話，包括隨機的臨床試驗。

· **臨床專家**。除了其他項目之外，你的治療師應該有科學背景、技能是最新的、了解現代研究，並且對於治療法有清楚的邏輯。

· **理解病人的個性和偏好**。這應該包括他的文化背景和價值觀。

病人需要在治療中積極，並通知他們的伴侶。醫生知道最多的日子已經過去了。

》認知行為療法

當今最普遍被研究和獲得科學支持的治療法是認知行為療法（cognitive behavioral therapy，CBT）。這種實際的目標取向治療，目標為改變適應不良的思維（這是認知的部分）和自我破壞行為（這是行為的部分）。在認知行為療法中，人辨識出有問題的思考模式，有時被稱為「思考錯誤」，並努力用更有幫助的思考來取代它們。他們可能也會練習用更有幫助的動作來辨認和取代他們沒有生產力的行為。

思考錯誤通常採取無根據的假設和消極的，甚至是災難性的生活期望（請見第267頁側欄）。大多數人有時會因為這種思想而陷入困境，但是當它開始主宰你的情緒和態度時，它可以將你推進黑暗的情緒、不好的決定和不理性的活動中。

這也是為何認知行為療法的病人開始成為他們自己心智的學生。在認知行為療法中，一位治療者可能會要求病人維持一本紀錄他想法的日誌，病人會被指派行為家庭作業。舉例來說，有著強迫症的人將會學著辨認和紀錄他的衝動想法。他的治療者可能要求他在不訴諸強迫行為的情況下，逐漸將他自己暴露在害怕的刺激中──例如，觸摸一個骯髒的門把，

認知行為療法的治療者會要求客戶仔細的看著自己。

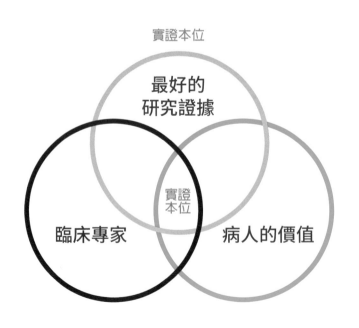

實證本位

最好的
研究證據

實證
本位

臨床專家　　　病人的價值

且在這之後不洗手。研究顯示，多數的強迫症患者在這類治療後可以看見自己的症狀逐漸消退。

認知行為療法對於一個範圍內的問題很有用，包括焦慮和恐懼、憂鬱症、創傷後壓力症候群、恐慌發作和飲食疾患。這種方式聽來簡單，但它有著真正的生理效果。在治療後幾個月，認知行為療法病人的腦部掃描顯示了正向的改變，一種回歸症更加正常的運作。

》彈性

其他更新穎的治療混合了一些認知和行為療法的方式，與最近關於情緒調節、人格、價值觀和正念的見解。例如，接納與承諾療法（Acceptance and commitment therapy，ACT），建立了心理彈性。有著情緒疾患的人通常被鎖定於僵化的反應中：舉例來說，有著社會焦慮的人可能害怕或避免參與所有的派對。憂鬱的人通常

彈性是生理和心理兩者的健康。

問問你自己

你是直線思考的人嗎？

認知療法幫助一位病人便是它自己的問題思考並解決它。你有犯過這些心智錯誤嗎？

黑白思考
你將一種情況或一個人視為全好或全壞，而沒有注意到任何兩者之間的向度。

預測最差的情形
你預測負向的未來，而沒有考慮其他更有可能的結果。

錯過正向
你聚焦於負向結果並無法辨識你自己正向的經驗和資格。

將感覺視為事實
因為你的感覺強烈，你便認為某件事一定是事實，忽略了相反的證據。

跳到結論
如果沒有任何明確的證據，你就認為事情很糟糕。

閱讀心思
你假設你自己在沒有問別人的情況下就知道他人在想什麼。

算命
你預測事情將會變糟

假設性控制
你假設你可以控制其他人在你無法真正控制的情況下的行為方式。

預期完美
你相信你（或其他人）應該在你（或其他人）說或做的事情中表現完美。

若這些負向思維模式聽起來熟悉，藉著問你自己以下問題來挑戰他們：
我確定X事件即將發生嗎？

- X總是會導致Y嗎？
- X事件發生的機率為何？
- 我對於X的證據是什麼？反對X的證據是什麼？
- 有其他方式來看待這個情況嗎？
- 我會對在相似情況下有著相似想法的朋友說什麼？
- 我明天會對此有何感覺？一個月後呢？六個月後呢？

試試看

使用彈性取向

將接納與承諾療法的各方面與你的生活結合，可以幫助你成為更好的問題解決者。試試這個練習，為生活的障礙提出創造性的解決方式。

》找出問題

你常對什麼感覺或作業感到掙扎？想著一個你生活中的特定問題，並找出你過去曾試圖處理問題的方式。

》反思過去的解決方式

你是否嘗試控制你的情緒、完全避免問題或採取其他的方式但失敗了？這些解決方案的效果如何？

》考慮替代方案

想想一些解決問題的新方法，即使它們不是你通常會追求的方式。你對於有類似問題的朋友可能會有什麼建議？

》制定一個計畫

致力於嘗試符合你個人價值觀和目標的新解決方案。不要將你自己侷限在一個單一的回應裡。

會對任何經驗帶著一樣黯淡的反應，無論這些經驗有多麼刺激。另一方面，有著較多心理彈性的人，較可以使用不同的策略對不同的情況做反應，用以轉換他們的固定態度來使他們的行為適應他們的目標。

接納與承諾療法旨在藉由以下幾項來提高彈性：

·**接納** 學著接納想法和感覺而不試著去改變它們。

·**與當下相聯繫** 注意並直接與當下相聯繫。

·**脫鉤** 「脫鉤」或將想法從現實中分離出來，將想法僅視為想法。比起想著「我是一個壞人」，可以想著「我有我是一個壞人的壞想法。」

·**以自我為背景** 從不同的角度來觀察你自己。

·**價值觀** 辨識個人相關的價值觀。

·**承諾的行動**。致力於與個人價值相符的行為。

接納，而非壓抑負向情緒，這是接納與承諾療法關鍵部分。我們大多數人被制約於隱藏或壓抑憤怒，但這並不總是最好的策略。例如，在一個受試者被要求扮演房東的角色試圖讓房客支付逾期租金的實驗中，有著憤怒情緒的人更能成功。當你討價還價，或者你需要面對不公正或壓迫時，憤怒可能是恰當的。

》多種問題，一種療法

治療法的選擇似乎多得令人困惑——而事實也是如此。一些心理學家推薦對焦慮或憂鬱等情緒疾患採取一種統一的方法。

社會焦慮、恐懼症和憂鬱症（單向憂鬱症，也就是躁鬱症的相反。）可以由不同方式表達出來，但是它們可能都是同一個功能失調疾患家族的成員。有著一個這樣問題的人— 例如，一種焦慮問題一通常會伴隨著另一種疾患，如憂鬱或另一種形式的焦慮（醫生稱此為「合併症」）。對於一種疾患的治療法通常也能對另一種疾患有效；恐慌症成功被治療的人，經常發現他們的廣泛性焦慮或憂鬱症也會減輕。

情緒調節的一個共同主題

認知和行為療法可以幫助病人避免災難性思考。

似乎貫穿了這些條件，指明了共同治療的方式。對情緒狀態做出適當反應的能力，無論是正向的還是負向的，都是心理健康的一個重要部分。對情緒疾患的統一治療將在一系列問題中使用一些認知和行為治療技術。一位治療師可能會要求她的客戶修改在他評估情況時所使用的有缺陷方式（包括災難性的思考，如「這將成為一場災難」），並改變由情緒主

**有一種
社會疾患的人
可能也會有
其他疾患。**

導的行為。這可以是簡單的，也可以是困難的，就像要求一個焦慮的完美主義病人故意讓事物凌亂和未完成，或者要求一個驚慌失措的客戶與人群結合並微笑。治療者也會引導他們的病人不要壓抑受威脅的情緒，但要認識它們，也要認識帶來避免的問題行為。

「毫無疑問，患者的想像力 會對他們的疾病治療產生影響。」

班傑明・富蘭克林

≫心理動力療法

在擁擠的現代療法書架上，還有空間留給佛洛伊德和精神分析嗎？事實上，維也納的智者們近年來經歷了一些復興，很多這種理論都被抹黑了：壓抑的亂倫驅力、死亡本能、本我和自我、陰莖嫉妒，以及佛洛伊德思想的其他主流已被證明是沒有根據且不科學的。然而，佛洛伊德對於經歷時間考驗的人類行為有深刻的見解。這些見解現在構成了心理動力學的核心，是精神分析的更新版本。

心理動力理論認識到我們大部分的心智生活是無意識的，是由我們無法理性解釋的情緒和行為所驅動。神經學也支持這種說法，顯示出我們的腦將相關過程儲存在

佛洛伊德說童年經驗會影響成人生活，這是正確的。

個別的腦區。腦中分別的神經迴路會導致衝突的感覺和動機，你可以同時需要但討厭某人，或是渴望又害怕成功。雖然佛洛伊德對於童年的觀點有錯誤，但他認為童年經驗會影響我們的人格和行為的看法是正確的。成熟的過程中肯定會涉及到學習控制性衝動和憤怒衝動。

根據心理動力理論的治療

法聚焦於幫助病人深入了解隱藏的過程，並與導致問題行為的慾望相競爭。例如：57歲的茉莉，前往治療的原因是她對於管教兒子有困難。她愛他，並且為他感到驕傲，但是她會用諷刺或貶低的評論來抨擊他。在治療中，茉莉檢驗了她與自己父母的關係，他們是高度嚴苛並且不支持她的。她了解

我為何如此憤怒？

到她學得了不信任和不相信讚美，諷刺便成為她抵抗自己脆弱感的防衛。治療向她表明，她需要保護自己與對她兒子的愛與她想成為一位好家長的渴望相衝突。

腦科學和心理治療之間，或是任何兩種主流療法之間，再也沒有不可逾越的隔閡。佛洛伊德可能不同意現代的治療取向，但他仍然在其中能辨識出他的核心概念。

性格優點是表現在習慣和活動，而非意圖之中。

》正向方法

治療對於處理我們生活的黑暗面是珍貴的—我們的疾病、危機和衝突。那麼光明面呢？我們多數人在大多數時間表現的還可以。我們真正想要的是做得更好：更開心、更有生產力、更能與人聯繫。

比較開心的人有著較長、較健康且較成功的生命。他們的婚姻較為穩定、他們的免疫系統也較為強壯，且他們的收入較高。他們甚至比同儕更有創造力。雖然箭頭是雙向的—當然財富和健康

讓你感覺更好─研究顯示正向情緒本身也會有助於長期的幸福感。

因此，有意識地努力改善你自己的幸福感是可以理解的，現在已有計畫可以這樣做。正向心理介入（Positive psychological interventions，PPIs）是簡單且規律的活動，可以模仿自然快樂的人的健康思考模式。例如，較快樂的人往往更有意識地感激生活中的美好事物，因此，一個相同效果的正向介入要求人給幫助他們的人寫一封感謝的信（請見第274頁側欄），這些活動可能似乎簡單到起不了效果，但研究顯示參與其中的人，最後會顯著地更加快樂。

有一些必要條件可以讓這些活動得到最好的效果。它們包括：

・**動機**。你需要真的想感覺更好（並非每個人都這麼想！），並且你需要相信這些活動真的有效。你需要準備好付出努力。

・**劑量**。就像是藥物，這些活動只在某些特定時間和特定劑量下達到最好的效果。例如，一個研究顯示，在一天內執行五種活動，比起讓受試者將同樣的五種活動分成一星期進行要快樂許多。每週一次計算你的幸福比一週三次來的有效。這是為什麼呢？可能只是因為一個很簡單的原因，那就是因為我們發現遵守一週一次的各種經驗是較容易的，也可能重複執行會讓適當的劑量變成過量。

・**自主性**。當我們感覺有控制權時我們會較成功。選擇參加正向心理介入的人，最

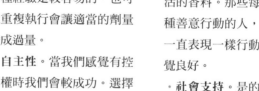

終會比那些被分派到活動的人感覺更好。我們也會在發現我們自己的福利時較為成功。在一個研究當中，聽到其他人關於感謝活動的說明和推薦，似乎會失去了他們自己開始或完成這些活動的動力。

・**多樣性**。這是一種正向生活的香料。那些每週表現多種善意行動的人，比起那些一直表現一樣行動的人要感覺良好。

・**社會支持**。是的，我們想以自己的方式做事，但是一

「喔 愛情，甜蜜的瘋狂！你醫治了我們所有的軟弱。」

斯詩人魯米（Rumi）

試試看

家庭幸福工具組

正向心理介入是簡短、便宜且可以居家簡單做的活動。這裡是一些你可以自己嘗試的：

» 寫一封感謝信。

對一位曾對你特別友善但你從未好好感謝的人寫一封信。你若想將信寄出也可以，但這不是必須的。

» 說出三件美好事物。

寫下三件今日發生的美好事物，但導致這些美好事物的原因。

» 品嚐這一刻。

聚焦於一種能每日樂在其中的活動，例如與朋友聊天或喝咖啡，並能有意識地品嚐這種經驗。

» 細數你的祝福。

列出讓你感激的人或事物。

» 想像你最好的自我。

想像你最有可能的最好自我——可能在一個理想的未來裡，當你達成你的目標和夢想時。寫下這個預見當做你今日抉擇的指南。
採取善意的行動。這些可以簡單如接管家中的雜事或餵你的寵物一種新食物。

旦我們開始做事，來自朋友的一點小幫助就可以增強我們的問題解決。這甚至適用於藉由社交媒體的支持。

正向介入只有在它們支持正向情緒、想法和行為的情況下有用——這些都有助於幸福。它們是如何辦到的呢？

這些活動似乎能滿足一些基本人類需求，包括對於自主性、聯繫和能力的需要。（請見第六章，第185頁）。一些神經學的研究認為，正向情緒能影響腦部的神經傳導物質，尤其是多巴胺這種與酬賞、心智彈性和外向性有關的神經傳導物質。表現正向的行動已被顯示對於生活中其他方面有著健康滿溢的效果。例如，會細數祝福的人最終會花較多時間運動甚至睡得更好。正向心理介入似乎照亮一個人的一般觀點，改善他或她對於自然發生事件的看法。

與任何活動一樣，正向心理介入需要根據個人情況量身定制。倘若你討厭寫信，那麼你就不太可能持續寫感謝信並從中得到收穫。較年

正向介入可以滿足對於人類聯繫的需求。

長的人似乎較能夠從這些活動中獲得福利，這可能是因為他們有時間且較有意願堅持下去；而那些來自西方享樂文化的人可比東方人獲得更多的改善。

» 利用你的優勢

正向介入也可以採取一種基於你性格優勢的形式。這些特質使我們在與他人和我們周圍的世界聯繫方面能夠取得更大的成功。每個人都有他或她特有的頂級優勢——你可能會說這是你最強的優勢。

一些研究者已將優勢分為六大類，每一種都有自己的一組形容詞。它們分別為：

· **智慧與知識**——包括創造力、好奇心、開放心態、喜

正向介入可以滿足人類接觸的需要。

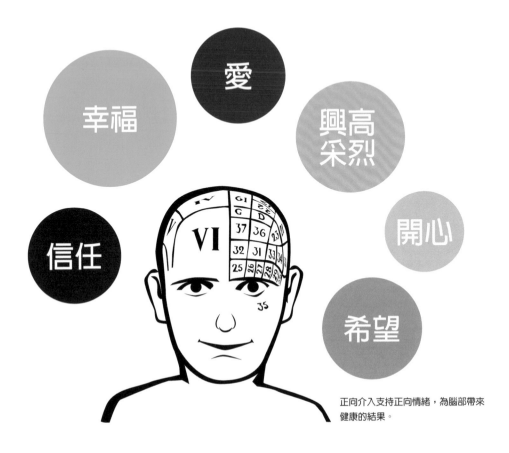

正向介入支持正向情緒，為腦部帶來健康的結果。

愛學習和有遠景。

· **勇氣**——包括誠實、勇敢、有毅力和充滿熱情。

· **人性**——包括仁慈、愛和社交智力。

· **正義**——包括公平、領導力和團隊合作。

· **節制力**——包括寬恕、謙虛、謹慎和自我調節。

· **超越**——包括對於美的欣賞、感激、希望、幽默和宗教性／靈性。

這些優勢與個人幸福最強烈相連的是愛、感謝、希望、充滿熱情和好奇心。毅力、愛、感激、希望和有遠景則可以預測學生的學業成就。有效率的老師有著高度社交智力、充滿熱情和幽默。勇氣和對美的欣賞則是有助於從疾病中恢復。大概會令人驚訝的是，對於有效率的軍隊領袖最佳指標是有著高度的愛。幽默則可以預測他們的下屬對他們的信任有多少；而有遠景預測了他們的領袖有多信任他們。

性格優勢被表現在習慣和行動上，而非故意表現的。它們根據情況而有不同的效

果，舉例來說，在工作時最有效的優勢是誠實、判斷力、有遠景、公平和有毅力。在工作環境中最無用的是：宗教性/靈性、對於美的欣賞、愛、勇氣和謙虛。

優勢若沒有被積極利用，則會休眠。如果你是一個有創造力的人，你只有在工作或在家使用優勢時才能建立起這種優勢。這些優勢也是與情境有關的：創造力的優勢在你設計一份報紙時有用，而領導力優勢在你監督報紙的作家時脫穎而出。要增強你的幸福感，你可以嘗試簡單但有效的活動來找到一種新方式來每日使用你的最佳優勢。

》睿智的介入

2008年，兩組加州的投票者填寫了相似的問卷。在一組中，他們被問道「對你來說，成為明天選舉的投票者有多重要？」另一組被問「對你來說，明天可以去投票這有多重要？」在選舉當天，使用名詞取向在問卷中被問到「成為投票者」的人前往投票的數量，比起在問卷中以動詞取向被提問「去投票」的人要多。只是幾個單字便可以增加百分之11的投票參與率。

小改變可以有著大效果，這種見解引導了睿智介入的

科學。被稱為「睿智」是由於它們針對了非常特定的過程，這些介入是簡短且自然的行動，著重於打斷和改變日常生活中的有害模式。在投票者動機的案例中，簡單的字詞改變顯著的影響了參

問問你自己

你利用了多少自己優勢呢？

做這份問卷來找出你在日常生活中運用了多少你的優勢。使用七分量表來回答所有的問題，範圍從1（「強烈不同意」）到7（「強烈同意」）。

1. 我經常能夠做我最擅長的事。
2. 我總是能發揮我的優勢。
3. 我總是試著使用我的優勢。
4. 我使用我的優勢完成我想做的。
5. 我每天都使用我的優勢。
6. 我使用我的優勢來獲得生活中想要的。
7. 我的工作讓我有很多機會使用我的優勢。
8. 我的生活帶給我很多不同的方式來使用我的優勢。
9. 我自然而然可以使用我的優勢。
10. 我覺得在做事時使用我的優勢是很容易的。
11. 我可以在很多不同的情況下使用我的優勢。
12. 我花費大多數的時間在我擅長的事物上。
13. 使用我的優勢對我來說是熟悉的。
14. 我可以用不同的方式來使用我的優勢。

評分：分數由14到98分，分數愈高表示愈能夠使用優勢。

人們對於被認定為投票者的反應是正向的，這顯示為他們是積極且負責任的公民。

與者對於他們自己認同感的觀點。「成為投票者」的句子代表著有機會成為理想型的人，成為一位積極且負責任的公民。

睿智的介入可以在廣泛環境中取得成功，從投票問卷中看到的公民生活，到教育、健康和人際關係。當它們以理論為基礎並為一個人的特定背景、動機和需求量身定制時才有效。尤其是這些介入需要打斷一個重複的過程，也就是一個行為的自我增強循環，這樣介入才能長期有效。例如，有衝突的已婚夫婦被要求每四個月寫下中性的第三方會如何看待

**學習新技能過後，
整晚的睡眠
能幫助
保持記憶。**

他們的爭執。將他們的問題置於冷靜的視角，幫助夫妻再次發生衝突時不那麼憤怒，這有助於他們處理未來的爭執等等。這些夫婦發現他們的壓力被減緩了，並且婚姻被穩固了，這些結果與沒有做這樣活動的控制組相反，控制組的關係持續低落到了谷底。

適度的聚焦，這些活動可以有很好的效用。例如，鑑

定新手媽媽傷害他們孩子的風險之後，面試者與這些媽媽談話，直到這些女性認定了他們感覺困難的原因並非自己或來自孩子本身。基於這樣的觀點，面試者要求這些媽媽一起腦力激盪出可能的解決方式。相較於控制組，這些被賦予權力的家長和他們的孩子駕馭的較好，只有百分之4的意外性虐待，而控制組則有百分之25的發生率。

》肯定你的價值觀

打斷一段有害的過程是睿智介入的一種型式。增強正向的思維模式則是另一種。我們所有人，無論是否是有意識地，都靠著一組讓我們以特定方式有動機地行動的價值觀和信念來生活。我們所有人，有意識或無意識地將這些價值觀以個人的階層來排名。例如，我們可能將一致性排在獨立性之前，或是把成就放在安全之上。我們可以在自己內部保有相互衝突的價值觀，我們的價值觀可能與其他人的價值觀有所衝突。

研究者謝洛姆‧施瓦茨（Shalom Schwartz）發現了特定的基本價值觀可以橫跨所有文化中被找到，雖然它們的相對排名可能在不同組中有所變動。它們是：

· **成就**：藉由證明能力來獲得個人成功。

· **仁慈**：保護和增加親近的

有衝突的夫婦可以從第三方的角度來看待他們的爭執，並從中獲益。

「精神分析的本質

就是透過愛來治療。」

精神分析學家西格蒙德‧佛洛伊德

人的福利。

‧**一致性**：限制可能會打擾或傷害他人的行動、傾向和衝動。

‧**享樂主義**：愉悅或感覺上的享樂。

‧**力量**：社會地位和聲望、控制或支配。

‧**安全**：安全、和諧、社會穩定以及人際關係和自我的穩定。

‧**自我方向**：獨立思考和行動。

‧**刺激**：興奮、新奇和挑戰。

‧**傳統**：尊敬、承諾以及接受一個人的文化或宗教所提供的習俗和想法。

‧**普遍主義**：對所有人和自然的欣賞、寬容和保護。

一般而言，排名會基於性別而有差異。男人一貫地比

女人重視力量、享樂主義、刺激和自我方向。然而，伴侶的價值觀若差異太大，則並非是一個好消息。有著相似的價值觀甚至比擁有相似的個性更能預測令人滿意的浪漫關係。

幾乎所有的家長都想要將他們的價值觀傳給他們的孩子。這是一個成功育兒的標誌，是一種將家庭身分代代相傳的方式。研究已得出不令人意外的結論，那就是當孩子接受了他們父母的價值觀時，他們的家庭關係會較緊密和平順。但是完成這種價值觀轉移的最佳方式並非從外部強加，取而代之的是，家長應該要讓孩子為他們自己著想—支持特定的價

睿智的介入有助育兒和增強正向的思維模式。

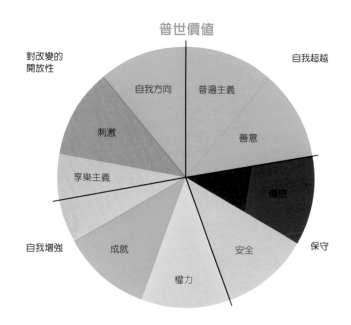

值觀，因為他們認為他們自己本質上就有價值。

青少年一般都重視開放性和成長，但傾向相信他們的父母較保守和較不支持他們的價值觀。然而，父母鼓勵自主權的孩子不只發現自己更有可能長期同意父母的價值觀，而且呈報出較大的幸福感。他們同意以下陳述如，「當我們的父母作決定

較快樂的人通常較能有意識地對生命中的美好事物心懷感激。

時，他們試著考慮我想要的」、「我的父母讓我找出我自己個人的方式來表達他們相信的原則」以及「我的父母試著嚴肅地回答我對於他們原則或對於他們重要的行為所提出的問題」。長期來看，支持孩子選擇的父母，他們的孩子也會支持他們。

對於所有的年齡層而言，價值觀可以成為身處可怕世界中的力量泉源。有意識地確認我們的價值觀顯然可以

願意接受他們父母價值的孩子，有著較緊密的家庭關係。

支持它們所授權的效果。例如，列出自己的最高價值，接著寫一篇有關這些價值觀文章的人，在遇到困難作業甚至痛苦時，會有較好的自我調節。只花10到15分鐘寫下個人相關價值觀的女大學生，之後可以看到她們在科學和數學課程中成績往上提升。最大的進步顯示在最相信男人天生擅長物理學的女人身上。

如同我們在本章開頭看到的，弱勢學生在學校表現方面，特別容易受到刻板印象的自我毀滅所影響。價值觀的確認可以有助於扭轉局面。在一項介入當中，風險高的非裔美國人中學生，在寫了一系列關於家庭關係或音樂的重要個人價值觀文章之後，看到了他們的成績攀升。兩年後仍然可以看到這項介入的正向效果。有寫下有意義價值觀的所有非裔美國學生的平均成績提高了0.24分。而對最有風險的學生來說，成績提升了0.41分。相較於控制組，這些先前成績不佳的學生較沒有被送去補救教學或成績停滯。早期的介入似乎打破了一種低期待造成的低落表現，然後進一步壓抑了螺旋式下降預期的循環。

重新確認價值觀甚至有助於我們所面臨最具挑戰的問題之一：承認我們的死亡。研究發現，確認他們自己價值觀的人相較於其他人而言，較能堅強面對死亡相關的想法。思考我們的價值觀可能可以導正其他混亂的秩序，為我們的生命提供意義，並讓我們將自己視為我們死後一種文化結構的一部分，這給我們一種不朽。確認價值觀也有著壞處，當我們增強自己的世界觀同時，我們自己的觀點變得狹隘。在評估有挑戰性陳述（例如，與他們自己相反的政治觀點）之前重新確認他們價值觀的人較不開明，且較無法與他們溝通新的資訊。顯然價值觀在做為基礎而非屏障時，運作的最好。

》自然的介入

你可能不了解當你在遵守

試試看

確認你自己的價值觀。

這是一個簡單的活動來確認你自己的價值觀。

首先，給予下列價值1（非常不重要）到10（非常重要）的評分。

» 成就
» 仁慈
» 一致性
» 享樂主義
» 力量
» 安全
» 自我方向
» 刺激
» 傳統
» 普遍主義

現在，用幾句話描述為什麼你排名第一的價值對你而言是最重要的。以一個過去的經驗為例子，說明那些價值觀在你人生中扮演什麼角色。

一些自然且愉悅的活動時，你已經在你的生活中作出一些正向的改變。尤其是如果我們認識並能利用這些日常活動的好處時，我們並不總是需要正式的介入。它們包括：

· **睡眠**。一段好的且無干擾的夜間睡眠可以有助於情緒、注意力、記憶、運動表現和學業成績。睡眠較好的人有較低的壓力，大多數人需要八小時的睡眠，而青少年需要至少九小時。

· **運動**。不只是因為運動可以強健你的體魄，它也會支持你的情緒。只要五分鐘的運動就可以改善你的外表。規律運動與改善憂鬱症患者情緒的抗憂鬱藥物一樣有效。

· **酒精**。你可能無法理解這是一種自然的介入，但這是非典型的。是的，過度飲酒是危險的，但適度飲酒是眾所皆知的社會潤滑劑，可以降低焦慮和增強勇氣。

· **性行為**。這不只是當下的快樂而已：性行為可以改善情緒和降低焦慮。例如，一個研究發現，有著社交焦慮的人，在有性行為的隔天感覺到較少的焦慮。他們與他們的伴侶愈緊密聯結，則他們的經驗就愈愉快，他們會感覺到較少的焦慮。

· **祈禱**。祈禱對於很多人的生活增加了意義，並幫助他們應對疾病和困難。研究已顯示被分派到為他們另一半祈禱的人，就容易原諒另一半。

· **冥想**。冥想（請見第八章，第252頁）可以帶來平靜和放鬆，並且減緩壓力，以及幫助你增加對於生活更加平衡的觀點。

科學已在尋求理解人類心智上取得了很大的進展，但我們仍在這趟旅程的早期階段。腦部是一種奇妙複雜且有力的器官。我們才剛剛開始分別挑選了建構心智的想法、情緒、渴望和行為的交互作用。就算是這樣，對於我們來說，也習得了足以開始了解我們自己的知識。令人高興的是，這種理解帶來了方向感。我們知道現在可以採取措施來讓我們的生活更好，藉由克服我們的恐懼，建立我們的優勢，並且在健康且有生產力的存在下與他人連繫。

簡單且愉快的活動在心理上是健康的。

以痛苦為社會的黏著劑

陶德‧卡什丹博士、羅伯特‧比斯瓦斯－迪安納博士

1967年，歷史上最離奇的音樂配對之一，迷幻搖滾音樂家吉米‧亨德里克斯（Jimi Hendrix）有機會為頑童合唱團（The Monkees）開場。頑童合唱團希望可以合法化成為嚴肅的音樂家，而亨德里克斯當時在美國還

沒有獲得追隨者。想像文化衝突在第一場位於佛羅里達傑克森維利的巡迴演唱會時發生。與頑童合唱團家庭友好的粉絲被亨德里克斯嚇了一跳，他穿著一件螢光色的襯衫，再把吉他放在火上之前，他猛烈的揮舞著吉他。當亨德里克斯要求群眾跟著唱〈狡猾的女士〉（Foxy Lady）時。觀眾則大喊「我們要戴維！」。對嘲笑他的群眾比了中指之後，亨德里克斯和他的樂團離開了舞台，最終離開了巡迴演唱會。三位樂團成員並沒有改

變他們的聲音來贏得流行音樂的愛好者，取而代之的是，他們忍受了這個艱難的經驗，鞏固了他們的音樂身分，且在不久之後，他們改革了現代音樂。

結果發現，人們經由痛苦而被聯結。一個去年由吉米‧可恩（Jim Coan）博士與他的同事在維吉尼亞大學所進行的研究描繪了這個觀點。研究者想要知道對於親密朋友的生理威脅—在此指得是電擊他的腳踝—是否與電擊陌生人有相似的腦部活動。當一個陌生人或親密朋

友在腳踝處被電擊了，幾乎每個人都是作出負向反應（好消息—只有幾個人對於他人受苦表現出喜悅）。然而，在一個新的研究情況下，受試者他們自己被施予了輕微的電擊，這些研究者發現了這些受試者的腦部反應在自己被施予電擊和他們的朋友被施予電擊時是一樣的，但與陌生人被施予電擊時不一樣。

從一種演化的觀點來看，這是合理的。為了增加生存的機率，我們需要找到我們能相信且能將他們的資源加

到我們身上的人，當我們去異國旅行，有一位能說當地語言的夥伴是非常有幫助的。當我們爬山時接近了一個令人畏懼的陡坡，當我們有一位親密朋友在身邊時，這看起來會較不陡峭。我們的腦部將我們社交網絡中親密且可靠的人視為我們自己的的一部分—這是我們可以在艱困時所依賴的資源。這種從其他可靠的人獲得力量的能力，是人類最好的演化。

結果證明，痛苦提供了一段形成互利關係的捷徑。一組在澳洲的團隊最近研究了是否共享痛苦能促進社會聯繫。在一個研究中，多組陌生人被隨機分派到痛苦、相同或較不痛苦的作業中。痛苦的作業包括將手浸泡到冰冷的水中或是長時間的垂直蹲下（較不痛苦的版本則是將手泡入室溫的水中，或是簡單用一隻腳平衡站立，且被准許在需要時扶著牆壁）。在這些開場任務之後，個別小組需要在大型水箱裡面

找到金屬球，並將它們組裝至水箱底部的相對應容器中。忍受過痛苦作業的人有著更大的團隊忠誠度，並在完成隨後的挑戰中展現了增進的合作度。

如果你想要跟一群陌生人一起隨意放置物品聽起來很棒，但這類的實驗室研究可以概括到日常生活中嗎？答案是可以的。共享的痛苦經驗可以加速親密過程。這就是為什麼在911事件中曾幫助過人的人，或是那些曾經在卡崔娜颶風中曾經拯救過生還者的人，有時會感受到終身的連繫。從某種層面來說這些新朋友被加入到我們的自我意識當中，這是因為他們反映了一些我們最具決定性的時刻。接著，這種更廣泛的社交網絡代表了更多可用於處理未來困難的資源。

在一種對於正向逐漸增加推崇的文化當中，我們需要可以坦承表達和體驗痛苦與不適的機會。這其中最大的一個悖論，就是藉由與其他

人一起感到脆弱、分享且揭露痛苦事件，我們最終會感覺到更加舒適、有聯繫感以及更有勇氣。有時候感覺不良正是我們生活所需的。我們可能無法成為有史以來最偉大的吉他手，但是學習如何與我們的負向情緒一同相處、工作和聯結可以確保引領我們獲得更大的成就、關係和生活中的幸福感與意義。

陶德·卡什丹博士是喬治梅森大學幸福促進中心的心理學教授和資深科學家。他擔任本書的顧問。羅伯特·比斯瓦斯-迪安納博士是研究者和專業訓練家。本篇短文摘自於他們的新書《你黑暗面的好處：為什麼要做完全的自己---不只是作「好的」自我—驅動成功和實現成就》（*The Upside of Your Dark Side: Why Being Your Whole Self—Not just Your "Good" Self— Drives Success and Fulfillment*）。

延伸閱讀

書籍

Bray, Melissa A. *The Oxford Hand-book of School Psychology*. New York: Oxford University Press, 2011.

Carter, Rita, and Christopher D. Frith. *Mapping the Mind*. Revised and updated ed. Berkeley: University of California Press, 2010.

Folkman, Susan. *The Oxford Handbook of Stress, Health, and Coping*. Oxford: Oxford University Press, 2011.

Frankl, Viktor E. *Man's Search for Meaning*. Boston: Beacon Press, 2006.

Hayes, Steven C. *Mindfulness and Acceptance: Expanding the Cognitive-Behavioral Tradition*. New York: Guilford Press, 2004.

Hunt, Morton M. *The Story of Psychology*. New York: Doubleday, 1993.

Kashdan, Todd B., and Robert Biswas-Diener. *The Upside of Your Down Side: Why Being Your Whole Self—Not Just Your "Good" Self—Drives Success and Fulfillment*. New York: Hudson Street Press, 2014.

Larsen, Randy J., and David M. Buss. *Personality Psychology: Domains of Knowledge about Human Nature*. 4th Ed. New York: McGraw-Hill, 2010.

Marcus, Gary F. *The Norton Psychology Reader*. New York: W. W. Norton, 2006.

Myers, David G. *Psychology*. 9th Ed.

New York: Worth Publishers, 2010. Nettles, Daniel. *Personality: What Makes You the Way You Are*. Oxford: Oxford University Press, 2007.

Snyder, C. R. *Oxford Handbook of Positive Psychology*. Oxford: Oxford University Press, 2009.

Sweeney, Michael S. *Brain: The Complete Mind*. Washington, D.C.: National Geographic Books, 2009.

————. *National Geographic Complete Guide to Brain Health*. Washington, D.C.: National Geographic Books, 2013.

Taylor, Jill Bolte. *My Stroke of Insight: A Brain Scientist's Personal Journey*. New York: Viking Penguin, 2008.

Valenstein, Elliot S. *Great and Desperate Cures: The Rise and Decline of Psychosurgery and Other Radical Treatments for Mental Illness*. New York: Basic Books, 1986.

文章

Acevedo, Bianca P., et al. "Neural Correlates of Long-Term Intense Romantic Love." *Social Cognitive and Affective Neuroscience* 7, no. 2 (2012): 145–59.

Alicke, M. D. "Global Self-Evaluation as Determined by the Desirability and Controllability of Trait Adjectives." *Journal of Personality and Social Psychology* 49, no. 6 (1985): 1621–30.

Baumeister, Roy F., and Mark R. Leary. "The Need to Belong: Desire

for Interpersonal Attachments As a Fundamental Human Motivation." *Psychological Bulletin*: 497–529.

Behar, Evelyn, Ilyse Dobrow DiMarco, Eric B. Hekler, Jan Mohlman, and Alison M. Staples. "Current Theoretical Models of Generalized Anxiety Disorder (GAD): Conceptual Review and Treatment Implications." *Journal of Anxiety Disorders*: 1011–23.

Biswas-Diener, Robert, Todd B. Kashdan, and Gurpal Minhas. "A Dynamic Approach to Psychological Strength Development and Intervention." *Journal of Positive Psychology* (2011): 106–18.

Blackwell, Lisa S., Kali H. Trzesniewski, and Carol Sorich Dweck. "Implicit Theories of Intelligence Predict Achievement Across an Adolescent Transition: A Longitudinal Study and an Intervention." *Child Development*: 246–63.

Boeding, Sara E., Christine M. Paprocki, Donald H. Baucom, Jonathan S. Abramowitz, Michael G. Wheaton, Laura E. Fabricant, and Melanie S. Fischer. "Let Me Check That for You: Symptom Accommodation in Romantic Partners of Adults with Obsessive–Compulsive Disorder." *Behaviour Research and Therapy*: 316–22.

Braffman, Wayne, and Irving Kirsch. "Imaginative Suggestibility And Hypnotizability: An Empirical Analysis." *Journal of Personality and Social*

Psychology: 578–87.

Bryan, Christopher J. et al. "Motivating Voter Turnout by Invoking the Self." *Proceedings of the National Academy of Sciences of the United States of America* 108, no. 31 (2011): 12653–56.

Buss, David. "Sex Differences in Human Mate Preferences: Evolutionary Hypotheses Tested in 37 Cultures." *Cambridge Journals Online:* 1–14.

Butler, A., J. Chapman, E. Forman, and A. Beck. "The Empirical Status of Cognitive-Behavioral Therapy: A Review of Meta-analyses." *Clinical Psychology Review:* 17–31.

Cacioppo, John T., et al. (2007) "Social Neuroscience: Progress and Implications for Mental Health." *Perspectives on Psychological Science* 2, no. 2: 99–123.

Cikara, Mina, Matthew M. Botvinick, and Susan T. Fiske. "Us Versus Them: Social Identity Shapes Neural Responses to Intergroup Competition and Harm." *Psychological Science* 22, no. 3 (2011).

Confer, J. C., J. A. Easton, D. S. Fleischman, C. D. Goetz, D. M. G. Lewis, C. Perilloux, and D. M. Buss. "Evolutionary Psychology: Controversies, Questions, Prospects, and Limitations." *American Psychologist* 65, no. 2 (2010): 110–126.

Duckworth, Angela L., Christopher Peterson, Michael D. Matthews, and Dennis R. Kelly. "Grit: Perseverance and Passion for Long-term Goals." *Journal of Personality and Social Psychology:* 1087–1101.

Dunham, Lena. "Difficult Girl." *The New Yorker,* Sept. 1, 2014.

Eisenberger, N. I. "Broken Hearts and Broken Bones: A Neural Perspective on the Similarities Between Social and Physical Pain." *Current Directions in Psychological Science:* 42–47.

Elliot, A. J., and T. M. Thrash. "Approach-avoidance motivation in personality: Approach and avoidance temperaments and goals." *Journal of Personality and Social Psychology* 82, no. 5 (2002): 804–18.

Emmons, Robert A. "Personal Strivings: An Approach to Personality and Subjective Well-being." *Journal of Personality and Social Psychology:* 1058–68.

Feng Yu et al. "A New Case of Complete Primary Cerebellar Agenesis: Clinical and Imaging Findings in a Living Patient." *Brain* (Aug. 2014).

Fincham, Frank D., Steven R. H. Beach, and Joanne Davila. "Longitudinal Relations Between Forgiveness and Conflict Resolution in Marriage." *Journal of Family Psychology:* 542–45.

Fromkin, Victoria, Stephen Krashen, Susan Curtiss, David Rigler, and Marilyn Rigler. "The Development Of Language In Genie: A Case Of Language Acquisition Beyond The 'Critical Period'." *Brain and Language* (1974): 81–107.

Gambino, Megan. "Are You Smarter Than Your Grandfather? Probably Not." Available online at www .smithsonianmag.com/science-nature/ are-you-smarter-than-your-grand father-probably-not-150402883/ ?all&no-ist.

Greengross, Gil, and Geoffrey F.

Miller. "The Big Five Personality Traits of Professional Comedians Compared to Amateur Comedians, Comedy Writers, and College Students." *Personality and Individual Differences:* 79–83.

Guéguen, Nicolas, et al. "Men's Music Ability and Attractiveness to Women in a Real-Life Courtship Context." *Psychology of Music* 42, no. 4 (2014): 545–49.

Hunter, J. P., and M. Csikszentmihalyi. (2003). "The Positive Psychology of Interested Adolescents." *Journal of Youth and Adolescence* 32, no. 1: 27–35.

Karney, Benjamin R., and Thomas N. Bradbury. "Neuroticism, Marital Interaction, and the Trajectory of Marital Satisfaction." *Journal of Personality and Social Psychology:* 1075–92.

Kashdan, Todd B., and Jonathan Rottenberg. "Psychological Flexibility As a Fundamental Aspect of Health." *Clinical Psychology Review:* 865–78.

Kashdan, Todd B., William E. Breen, and Terri Julian. "Everyday Strivings in War Veterans with Posttraumatic Stress Disorder: Suffering From a Hyper-Focus on Avoidance and Emotion Regulation." *Behavior Therapy:* 350–63.

Keyes, Corey L. M. "Mental Illness and/or Mental Health? Investigating Axioms of the Complete State Model of Health." *Journal of Consulting and Clinical Psychology:* 539–48.

Knafo, Ariel, and Avi Assor. "Motivation for Agreement with

Parental Values: Desirable When Autonomous, Problematic When Controlled." *Motivation and Emotion* (2007): 232–45.

Lilienfeld, Scott O. "Why Ineffective Psychotherapies Appear to Work: A Taxonomy of Causes of Spurious Therapeutic Effectiveness." *Perspectives on Psychological Science* (1745-6916) 9, no. 4: 355.

Lilienfeld, Scott O., Lorie A. Ritschel, Steven Jay Lynn, Robin L. Cautin, and Robert D. Latzman. "Why Many Clinical Psychologists Are Resistant to Evidence-Based Practice: Root Causes and Constructive Remedies." *Clinical Psychology Review*: 883–900.

Longe, Olivia, Frances A. Maratos, Paul Gilbert, Gaynor Evans, Faye Volker, Helen Rockliff, and Gina Rippon. "Having a Word with Yourself: Neural Correlates of Self-Criticism and Self-Reassurance." *NeuroImage* 49, no. 2 (2010): 1849–56.

Lyubomirsky, S., King, L., & Diener, E. "The benefits of frequent positive affect: Does happiness lead to success?" *Psychological Bulletin* 131, no. 6 (2005): 803–55.

Macrae, C. N. "Medial Prefrontal Activity Predicts Memory for Self." *Cerebral Cortex*: 647–54.

McAdams, D. P., J. Reynolds, M. Lewis, A. H. Patten, and P. J. Bowman. "When Bad Things Turn Good and Good Things Turn Bad: Sequences of Redemption and Contamination in Life Narrative and Their Relation to Psychosocial Adaptation in Midlife Adults and in Students." *Personality and Social Psychology Bulletin*: 474–85.

McGregor, Ian, Mark P. Zanna, John G. Holmes, and Steven J. Spencer. "Compensatory Conviction in the Face of Personal Uncertainty: Going to Extremes and Being Oneself." *Journal of Personality and Social Psychology*: 472–88.

McNulty, J. K., and V. M. Russell. "When 'Negative' Behaviors Are Positive: A Contextual Analysis of the Long-Term Effects of Problem-Solving Behaviors on Changes in Relationship Satisfaction." *Journal of Personality and Social Psychology* 98, no. 4 (2010), 587.

Murphy, M. L. M., G. M. Slavich, N. Rohleder, and G. E. Miller. "Targeted Rejection Triggers Differential Pro- and Anti-Inflammatory Gene Expression in Adolescents as a Function of Social Status." *Clinical Psychological Science* (2012): 30–40.

Neff, Kristin D., Stephanie S. Rude, and Kristin L. Kirkpatrick. "An Examination of Self-Compassion in Relation to Positive Psychological Functioning and Personality Traits." *Journal of Research in Personality*: 908–16.

Ochsner, Kevin N., Silvia A. Bunge, James J. Gross, and John D. E. Gabrieli. "Rethinking Feelings: An fMRI Study of the Cognitive Regulation of Emotion." *Journal of Cognitive Neuroscience*: 1215–29.

Orne, M. T., and F. J. Evans. "Social Control in the Psychological Experiment: Antisocial Behavior and Hypnosis." *Journal of Personality and Social Psychology* 1, no. 3 (1965): 189–200.

Orser, B. A., Mazer, C. D., and A. J. Baker. "Awareness During Anesthesia." *CMAJ : Canadian Medical Association Journal* 178, no. 2 (2008): 185–88.

Owen, A. M. "Detecting Awareness in the Vegetative State." *Science*: 1402.

Paquette, V. "'Change the Mind and You Change the Brain': Effects of Cognitive-Behavioral Therapy on the Neural Correlates of Spider Phobia." *NeuroImage*: 401–09.

Petrosino, Anthony, Carolyn Turpin-Petrosino, and John Buehler. "Scared Straight and Other Juvenile Awareness Programs for Preventing Juvenile Delinquency: A Systematic Review of the Randomized Experimental Evidence." *Annals of the American Academy of Political and Social Science*: 41–62.

Piurko, Yuval, Shalom H. Schwartz, and Eldad Davidov. "Basic Personal Values and the Meaning of Left-Right Political Orientations in 20 Countries." *Political Psychology*: 537–61.

Postma, Albert, Gerry Jager, Roy P. C. Kessels, Hans P. F. Koppeschaar, and Jack Van Honk. "Sex Differences for Selective Forms of Spatial Memory." *Brain and Cognition*: 24–34.

Rahhal, T. A., C. P. May, and L. Hasher. "Truth and Character: Sources That Older Adults Can Remember." *Psychological Science* (2002): 101–5.

Raynor, Douglas A., and Heidi Levine. "Associations Between the Five-Factor Model of Personality and Health Behaviors Among College Students." *Journal of American College Health*: 73–82.

Reber, A. "Implicit Learning of Artificial Grammars." *Journal of Verbal Learning and Verbal Behavior*: 855–63.

Riskind, John H., and Nathan L. Williams. "The Looming Cognitive Style and Generalized Anxiety Disorder: Distinctive Danger Schemas and Cognitive Phenomenology." *Cognitive Therapy and Research*: 7–27.

Roese, N. J. "Sex Differences in Regret: All for Love or Some for Lust?" *Personality and Social Psychology Bulletin*: 770–80.

Ruminjo, Anne, and Boris Mekinulov. "A Case Report of Cotard's Syndrome." *Psychiatry* (Edgmont) 5, no. 6 (2008): 28–29.

Rusbult, Caryl E., Eli J. Finkel, and Madoka Kumashiro. "The Michelangelo Phenomenon." *Current Directions in Psychological Science*: 305–9.

Ryff, Carol D. "Psychological Well-Being in Adult Life." *Current Directions in Psychological Science*: 99–104.

Sacks, Oliver. "Face-Blind." *The New Yorker*, Aug. 30, 2010.

Schwartz, Shalom H. "An Overview of the Schwartz Theory of Basic Values." Online Readings in Psychology and Culture. Available online at http://scholarworks.gvsu.edu/cgi/viewcontentcgi?article=1116&context=orpc.

Shenk, Joshua. "What Makes Us Happy?" *The Atlantic*, June 1, 2009.

Shuwairi, S. M., M. K. Albert, and S. P. Johnson. "Discrimination of Possible and Impossible Objects in Early Infancy." *Journal of Vision* (2005): 528.

Steger, Michael F., and Todd B. Kashdan. "The Unbearable Lightness of Meaning: Well-Being and Unstable Meaning in Life." *The Journal of Positive Psychology*: 103–15.

Sternberg, Robert J., and David A. Kalmar. "When Will the Milk Spoil? Everyday Induction in Human Intelligence." *Intelligence*: 185–203.

Sternberg, Robert J., and Joyce Gastel. "If Dancers Ate Their Shoes: Inductive Reasoning with Factual and Counterfactual Premises." *Memory & Cognition*: 1–10.

Todman, D. "Inspiration from Dreams in Neuroscience Research." *The Internet Journal of Neurology* 9, no. 1.

Tranel, D., and A. Damasio. "Knowledge Without Awareness: An Autonomic Index of Facial Recognition by Prosopagnosics." *Science*: 1453–54.

Trut, Lyudmila N. "Early Canid Domestication: The Farm-Fox Experiment." *American Scientist* 87, no. 2: 160–69.

Tsay, Cynthia J. "Julius Wagner-Jauregg and the Legacy of Malarial Therapy for the Treatment of General Paresis of the Insane." *The Yale Journal of Biology and Medicine* 86, no. 2 (2013): 245–54.

Tuckman, Bruce. "Developmental Sequence in Small Groups." *Psychological Bulletin*: 384–99.

Uskul, A. K., and H. Over. "Responses to Social Exclusion in Cultural Context: Evidence from Farming and Herding Communities." *Journal of Personality and Social Psychology* 106, no. 5 (2014): 752–71.

Walton, G. M., and G. L. Cohen. "A Brief Social-Belonging Intervention Improves Academic and Health Outcomes of Minority Students." *Science*: 1447–51.

Walton, Gregory M. "The New Science of Wise Psychological Interventions." *Current Directions in Psychological Science* 23, no. 1 (2014): 73–82.

Westen, Drew. "The Scientific Legacy of Sigmund Freud: Toward a Psychodynamically Informed Psychological Science." *Psychological Bulletin*: 333–71.

Winkielman, Piotr, and Kent C. Berridge. "Unconscious Emotion." *Current Directions in Psychological Science*: 120–3.

Wyland, Carrie L., William M. Kelley, C. Neil Macrae, Heather L. Gordon, and Todd F. Heatherton. "Neural Correlates of Thought Suppression." *Neuropsychologia*: 1863–67.

Wynn, Karen. "Addition and Subtraction by Human Infants." *Nature*: 749–50.

網站
APA Policy Statement on Evidence-Based Practice in Psychology www.apa.org/practice/guidelines/evidence-based-statement.aspx?item=5

Cognitive Behavioral Therapy www2.nami.org/Content/NavigationMenu/Inform_Yourself/About_Mental_Illness/About_Treatments_and_Supports/Cognitive_Behavioral_Therapy1.htm

Mental Illness Facts and Numbers www2.nami.org/factsheets/mentalillness_factsheet.pdf

圖片出處

Front cover: (twins) Martin Schoeller; (flowers) Emesilva/iStockphoto; (yoga pose) Vinogradov Illya/Shutterstock; (Freud) Hulton-Deutsch Collection/Corbis UK Ltd; (DNA structure) Creations/Shutterstock; (equations) Gill Button; (brain) Sebastian Kaulitzki/Shutterstock; (baby) Victoria Penafiel/Getty Images; (people forming heart) LWA/Dann Tardif/Getty Images.

Back cover: (couple) Matthew Nigel/Shutterstock; (footprints in sand) Alta Oosthuizen/Shutterstock; (sleep study) Maggie Steber; (man with roots) Andrea Danti/Shutterstock; (ringed hand) Maria Ramos Urbano/Getty Images; (children with masks) Image Source/Getty Images; (brain activity) Laguna Design/Science Photo Library.

2-3 Jimmy Anderson/Getty Images; 4 Mikey Schaefer; 7 Bertrand Demee/Getty Images; 8 Dwight Smith/Shutterstock; 12 Matt Propert/National Geographic Image Collection; 14 De Visu/Shutterstock; 15 Robert Leighton The New Yorker Collection/The Cartoon Bank/The Condé Nast Publications Ltd; 17 Darren Ashcroft; 18 Analytic couch in Sigmund Freud's study (photo)/Freud Museum, London, UK/Bridgeman Art Library; 19 Corbis UK Ltd; 20-21 bikeriderlondon/Shutterstock; 22 Vincent J. Musi; 23 (UPRT) jmcdermottillo/Shutterstock; 23 (LORT) Serg64/Shutterstock; 24 Blue Lantern Studio/Corbis UK Ltd; 25 Ariel Skelley/Blend Images/Corbis UK Ltd; 26 LWA/Dann Tardiff/Getty Images; 28 andresr/iStockphoto; 29 stevanovicigor/Deposit Photos; 30 yaruta/iStockphoto; 31 Gyvafoto/Shutterstock; 33 Official White House Photo by Pete Souza/White House; 34 Jiri Hera/Shutterstock; 35 rollover/iStockphoto; 36 David Malan/Getty Images; 37 Brand New Images/Getty Images; 38 Evgeny Atamanenko/Shutterstock; 40 Mehau Kulyk/SPL/Getty Images; 41 Fernando Da Cunha/BSIP/Corbis UK Ltd; 42 (UP) Gill Button; 42 (LO) mania-room/Shutterstock; 43 Jeff Vanuga/Corbis UK Ltd; 44 yulkapopkova/iStockphoto; 45 Davis Meltzer/National Geographic Image Collection; 46 CGinspiration/iStockphoto; 47 RTimages/iStockphoto; 48 Daily Herald Archive/SSPL/Getty Images; 49 Mike Baldwin/www.CartoonStock.com; 50 Eric Isselee/Shutterstock; 51 Katia Platonova & Andrey Kazakov/Photostudio; 52 shapecharge/iStockphoto; 53 @erics/Shutterstock; 54 Maggie Steber; 55 PM Images/Getty Images; 56 ImageZoo/Alamy; 57 SensorSpot/Getty Images; 58 (UP) Beau Lark/Corbis UK Ltd; 58 (LO) Joe Belanger/123RF; 59 Vasja-Koman/iStockphoto; 60 Jan-noon028/iStockphoto; 61 Radius Images/Corbis UK Ltd; 62 Luis Louro/Shutterstock; 63 Speed-Kingz/Shutterstock; 64 (LE) LiliGraphie/Shutterstock; 64 (RT) Elzbieta Sekowska/Shutterstock; 65 aletia/Deposit Photos; 66 stockillustration/Shutterstock; 67 ArtFamily/Shutterstock; 68 Brian Snyder/Reuters/Corbis UK Ltd; 69 skeeg/Getty Images; 71 Kaponia Aliaksei/Shutterstock; 72 bikeriderlondon/Shutterstock; 74 Classic Image/Alamy; 75 GlobalP/iStockphoto; 76 Gary Brown/Science Photo Library; 77 Sam Falk/Science Photo Library; 78 Image Source/Getty Images; 80 (LE) opicobello/Shutterstock; 80 (RT) Shelepov Stanislav/Shutterstock; 81 Science Photo Library/Alamy; 82 Margot Hartford/Alamy; 83 Inara Prusakova/Shutterstock; 84 Lagui/Shutterstock; 85 Lemon Tree Images/Shutterstock; 86 Grischa Georgiew/Shutterstock; 87 Andrea Danti/Shutterstock; 88 David McLain/Getty Images; 89 narokzaad/iStockphoto; 90 Image Source/Getty Images; 91 Maydaymayday/Getty Images; 92 GlobalP/iStockphoto; 93 xPACIFICA/National Geographic/Corbis UK Ltd; 94 Hagen/www.CartoonStock.com; 95 BraunS/iStockphoto; 96 Johnny Greig/Getty Images; 97 Associated Press Contributors/Press Association Images; 98 Lightspring/Shutterstock; 99 benchart/Shutterstock; 100 Associated Press/Press Association Images; 101 Kelly-Mooney Photography/Corb/Corbis UK Ltd; 102 ArtMarie/iStockphoto; 103 Roy Scott/Ikon Images/Corbis UK Ltd; 104 Kazlova Iryna/Shutterstock; 105 BLOOM Image/Getty Images; 108 Henrik Sorensen/Getty Images; 110 Picsfive/Shutterstock; 111 FineArt/Alamy; 112 James Francis/Shutterstock; 113 Mandy Godbehear/Shutterstock; 115 vita khorzhevska/Shutterstock; 116 Gandee Vasan/Getty Images; 117 Deshakalyan Chowdhury/Getty Images; 118 Baloo/www.CartoonStock.com; 119 Bettmann/Corbis UK

Ltd; 120 DEA/G. Nimatallah/Getty Images; 121 dutchkris/iStockphoto; 122 Frans Lanting Photography; 123 hermione13/123RF; 124 Stephen Rees/Shutterstock; 125 Alberto Ruggieri/Illustration Works/Corbis UK Ltd; 126 Hagen/www.CartoonStock.com; 127 Photographic Art Viet Nam/Shutterstock; 129 Robert Churchill/iStockphoto; 130-131 Jules_Kitano/Shutterstock; 132 -nelis-/iStockphoto; 133 Associated Press/Press Association Images; 134 marekuliasz/Shutterstock; 135 Titova E/Shutterstock; 136 Mitchell Funk/Getty Images; 137 altrendo images/Getty Images; 138 Mike Kemp/Blend Images/Corbis UK Ltd; 140 Bettmann/Corbis UK Ltd; 141 SoRad/Shutterstock; 142 Randy Faris/Corbis UK Ltd; 143 Milles Studio/Shutterstock; 145 (CT) Ljupco Smokovski/Shutterstock; 145 (RT) Chatchawan/Shutterstock; 146 Blue Line Pictures/Getty Images; 148 David Crockett/Shutterstock; 149 Radius Images/Corbis UK Ltd; 150 raywoo/Deposit Photos; 151 Ernesto Víctor Saúl Herrera Hernández/iStockphoto; 152 Stephen Mcsweeny/Shutterstock; 153 lorenzo rossi/Alamy; 154 (UP) Walter Daran/Getty Images; 154 (LO) Ljupco Smokovski/Shutterstock; 155 Ellis Nadler/www.CartoonStock.com; 156 tovovan/Shutterstock; 157 Blasius Erlinger/Corbis UK Ltd; 158 Hero Images/Getty Images; 159 PathDoc/Shutterstock; 160 geopaul/iStockphoto; 161 Sergey Nivens/Shutterstock; 162 Ho Yeow Hui/Shutterstock; 163 Carolyn lagattuta/Getty Images; 164 Vincent van Gogh/Getty Images; 165 DanielW/Shutterstock; 166 alastar89/Shutterstock; 167 blueenayim/iStockphoto; 168 Cory Richards/National Geographic Creative; 170 John Lund/Blend Images/Corbis UK Ltd; 172 inithings/Shutterstock; 173 Anna Maltseva/Shutterstock; 174 (LE) Netfalls—Remy Musser/Shutterstock; 174 (RT) aleksandr hunta/Shutterstock; 175 Image Source/Getty Images; 176 lassedesignen/Shutterstock; 177 Richard Peterson/Shutterstock; 178 Diego Cervo/Shutterstock; 179 jmcdermottillo/Shutterstock; 180 Jodi Cobb; 181 akova /iStockphoto; 182 Dave Nagel/Getty Images; 183 Pressmaster/Shutterstock; 184 Dean Mitchell/iStockphoto; 185 joebelanger/iStockphoto; 186 marekuliasz/Shutterstock; 188 amriphoto/iStockphoto; 189 Randy Glasbergen; 190 choreograph/123RF; 193 (LE) Savany/iStockphoto; 193 (RT) Guzel Studio/Shutterstock; 194 Randy Glasbergen; 195 Michelle D. Milliman/Shutterstock; 196 Andrew Innerarity/Reuters/Corbis UK Ltd; 197 Chip Somodevilla/Getty Images; 198 Nicolesa/Shutterstock; 199 Bruce Bennett/Getty Images; 202 Elena Kulikova/Getty Images; 205 Brain light/Alamy; 206 ilyast/Getty Images; 207 Brian Jackson/Alamy; 208 UpperCut Images/Alamy; 209 Jessica Peterson/Getty Images; 210 aetmeister/iStockphoto; 211 Illustration Works/Alamy; 213 Jose Luis Pelaez Inc/Getty Images; 214 Serebryakov Andrei/ITAR-TASS/Corbis UK Ltd; 215 PathDoc/Shutterstock; 216 Alexstar/Deposit Photos; 217 Garry Gay/Alamy; 218 Robin Skjoldborg/Getty Images; 219 Robert Red/Shutterstock; 220 Photo by wili_hybrid/Ville Miettinen; 221 Mark Anderson; 222 4zevar/Shutterstock; 223 Tony Hutchings/Getty Images; 225 Ira Block Photography; 226 MTMCOINS/iStockphoto; 228 Peter Dazeley/Getty Images; 229 Patrick Strattner/Getty Images; 230 Daniel Allan/Cultura/Corbis UK Ltd; 231 Yaroslav Seheda/Solent News/Rex Features; 232 Eugene Novikov/Shutterstock; 234 (LO) mattjeacock/iStockphoto; 234 (UP) Thomas Barwick/Getty Images; 236 Michael Krinke/iStockphoto; 237 Bettmann/Corbis UK Ltd; 238 Blulz60/Shutterstock; 239 JGI/Jamie Grill/Getty Images; 240 Picsfive/Shutterstock; 241 Randy Lincks/Corbis UK Ltd; 242 Marina Ramos Urbano/Getty Images; 243 Jason Hosking/Corbis UK Ltd; 244 (LO) Isantilli/Shutterstock 244 (UP) Hugh Sitton/Corbis UK Ltd; 245 Eye-Stock/Alamy; 246 David Lee/Shutterstock; 247 All Over Sweden/Splash News/Corbis UK Ltd; 248 William Berry/Shutterstock; 249 Subhadeep Mukherjee; 250 Iamnee/Shutterstock; 251 hcchoo/Getty Images; 253 Kirklandphotos/Getty Images; 254 William Andrew/Getty Images; 256 (LE) Universal History Archive/Universal Images /Rex Features; 256 (RT) Universal History Archive/Universal Images/Rex Features; 257 DesignPrax/Shutterstock; 258 bookzaa/Shutterstock; 259 Gahan Wilson The New Yorker Collection/The Cartoon Bank/The Condé Nast Publications Ltd; 260 Imagezoo/Corbis UK Ltd; 261 enviromantic/iStockphoto; 263 Ljm Photo/Design Pics/Corbis UK Ltd; 264 Sean Gallagher/National Geographic Creative/Corbis UK Ltd; 266 lushik/Getty Images; 267 Ryan McVay/Getty Images; 268 Superstock/Corbis UK Ltd; 269 johnkworks/Shutterstock; 270 Image Source/Getty Images; 271 Chaiwat Subprasom/Reuters/Corbis UK Ltd; 273 Photawa/iStockphoto; 274 Jiri Flogel/Shutterstock; 275 Gary Bass/Shutterstock; 276 Graham Denholm/Getty Images; 277 mediaphotos/Getty Images; 278 Cassandra Hannagan/Corbis UK Ltd; 280 Jeremy Woodhouse/Getty Images; 281 Jií Truba /123RF; 282 Kamala Kannan; 283 Diane Cook and Len Jenshel.

關於作者

派翠西亞‧丹尼爾斯（PATRICIA DANIELS）是專精科學和歷史的作家和編輯。她為國家地理學會撰寫的書有《國家地理終極人體百科》、《新太陽系》（*The New Solar System*）、《偉大的帝國》（*Great Empires*）……等。她也是《麥克米倫現代科學發現》（*Macmillan's Discoveries in Modern Science*）的編輯之一，曾擔任時光生活出版社（*Time-Life Books*）編輯和《國家野生動物》（*National Wildlife*）雜誌資深記者。她的丈夫是大學教授。現居美國賓州。

謝誌

若不是許多聰明有天分的人的幫助，我是無法獨力完成這本書的。我特別要感謝陶德‧卡什丹博士和他的同事法倫‧古德曼（Fallon Goodman）以及凱文‧楊（Kevin Young）的專業指導和衍伸研究。我也要再次非常感謝編輯蘇珊‧泰勒‧希區柯克（Susan Tyler Hitchcock）和芭芭拉‧培尼（Barbara Payne）的編輯指導和聰明睿智；艾莉莎‧吉伯森（Elisa Gibson）的專業設計；以及蜜雪兒‧坎絲蒂（Michelle Cassidy）的研究和寫作技巧。最後但並非最不重要的，非常感謝我的丈夫，吉米‧泰博特（Jim Tybout），能在晚餐時不斷地聽我分享書中內容與心得。

你為了什麼而努力奮鬥呢？

（請見第237頁）

如何為你的評量表評分

》在你完成了奮鬥評估量表之後，將你的答案分為以趨近為主的與以躲避為主的（請見以下）。當在追求幸福感時，相較於躲避導向，有較多的趨近導向的奮鬥比較好。在評分過後，如果想要增進你的生活品質，考慮使用趨近導向的原則來改寫或是重新規劃你的躲避導向目標。你也可以看看你花費在這上面的時間和精力，以及你所獲得的酬賞。

趨近與躲避

1. 你所奮鬥的事代表正向或負向的事物呢？

2. 這個人希望趨近、獲得、完成或保持所奮鬥的事物，或是他們希望躲避、阻止或擺脫所奮鬥的事物呢？

3. 這個人是否試著「不要做某件事」？（通常使用「躲避」、「不要」或「不」代表此意。）

躲避導向的奮鬥例子

（若非清楚的躲避，則評估為趨近取向。）：

「當別人無來由的不喜歡我時，我並沒有感覺不好。」

「躲避空想（關於未來的猜測與幻想）」

「躲避讓我對任何事物都感到沮喪」

「對我的男朋友沒有佔有慾」

「在社交聚會時並沒有感受到自卑」

「不要拖延」

「壓抑爭論」

「少吸煙；少喝酒」

關於顧問

陶德‧卡什丹博士是世界公認在幸福感、力量、社會關係、壓力和焦慮方面的權威，已發表超過150篇學術文章，且為幾本書的作者或合作者，包括《黑暗面的優點：為什麼要做完全的自己——不只是作「好的」自我—驅動成功和實現成就》（*The Upside of Your Dark Side: Why Being Your Whole Self—Not just Your "Good" Self— Drives Success and Fulfillment*）。卡什丹博士是喬治梅森大學幸福促進中心的心理學教授和資深科學家。學術榮譽來自包括了美國心理學會（American Psychological Association）、行為與認知療法學會（Association for Behavioral and Cognitive Therapies）以及國際生活質量研究學會（International Society for Quality of Life Studies）的年輕學術生涯獎項。他本身是雙胞胎的其中一人，也擁有一對八歲的雙胞胎女兒。

凱文‧楊是喬治梅森大學臨床心理學系的博士生，他的研究興趣包括以探索的方法研究個人和人際福祉的最大化，這其中包括辨認和應用人格優點。楊也參與國際學術專業組織對於員工和學生幸福感的評估，以及正向心理介入的發展和執行。

法倫‧古德曼是喬治梅森大學臨床心理學系的博士生以及幸福感促進中心的研究人員。古德曼的學術研究興趣包括幸福感評估和介入、社交焦慮和自我調節。她熱中於進行和推廣可用於改善人們生活的研究。

國家地理腦科學完全指南
從認識自我到成就更好的自己

作　　者：派翠西亞‧丹尼爾斯
翻　　譯：江峰遠、楊芳齊
主　　編：黃正綱
資深編輯：魏靖儀
美術編輯：裴情那
行政編輯：吳怡慧

發 行 人：熊曉鴿
總 編 輯：李永適
印務經理：蔡佩欣
發行總監：邱紫珍
圖書企畫：黃韻霖
出 版 者：大石國際文化有限公司
地　　址：新北市汐止區新台五路一段 97 號 14 樓之
　　　　　10
電　　話：（02）2697-1600
傳　　真：（02）8797-1736

印　　刷：群鋒企業有限公司
2024 年（民 113）7 月初版三刷
定價：新臺幣 680 元／港幣 227 元
本書正體中文版由 National Geographic Partners,
LLC
授權大石國際文化有限公司出版
版權所有，翻印必究
ISBN：978-957-8722-39-2（平裝）
＊ 本書如有破損、缺頁、裝訂錯誤，
請寄回本公司更換

總 代 理：大和書報圖書股份有限公司
地　　址：新北市新莊區五工五路 2 號
電　　話：（02）8990-2588
傳　　真：（02）2299-7900

國家地理合股企業是國家地理學會和華特迪士尼公司合資成立的企業。結合國家地理電視頻道與其他媒體資產，包括《國家地理》雜誌、國家地理影視中心、相關媒體平臺、圖書、地圖、兒童媒體，以及附屬活動如旅遊、全球體驗、圖庫銷售、授權和電商業務等。《國家地理》雜誌以 33 種語言版本，在全球 75 個國家發行，社群媒體粉絲數居全球刊物之冠，數位與社群媒體每個月有超過 3 億 5000 萬人瀏覽。國家地理合股公司會提撥收益的部分比例，透過國家地理學會用於獎助科學、探索、保育與教育計畫。

國家圖書館出版品預行編目（CIP）資料

國家地理腦科學完全指南：從認識自我到成就更好的自己 / 派翠西亞‧丹尼爾斯 作；江峰遠、楊芳齊 翻譯. -- 初版. -- 臺北市：大石國際文化，民 108.02
296 頁；17× 22 公分
譯自：Mind : a scientific guide to who you are, how you got that way, and how to make the most of it

ISBN 978-957-8722-39-2(平裝)

1. 個人心理學　2. 性格

173.74　　　　　　　　　　　　　108000545